Über die Autorin:
Constanze Köpp, geboren 1969, hat 2007 das Ein-Frau-Unternehmen »Wohnkosmetik« gegründet (www.wohnkosmetik.de), das sie mit wachsendem Erfolg führt. Darüber hinaus ist sie als Autorin und freie Journalistin tätig. Die Wohnberaterin lebt mit ihren zwei Töchtern in Hamburg.

Constanze Köpp

Aufgeräumt leben

Warum weniger Haben
mehr Sein ist

Besuchen Sie uns im Internet:
www.knaur.de

Originalausgabe Januar 2014
Knaur Taschenbuch
© 2014 Knaur Taschenbuch
Ein Unternehmen der Droemerschen Verlagsanstalt
Th. Knaur Nachf. GmbH & Co. KG, München.
Alle Rechte vorbehalten. Das Werk darf – auch teilweise – nur mit
Genehmigung des Verlags wiedergegeben werden.
Umschlaggestaltung: ZERO Werbeagentur, München
Umschlagabbildung: plainpicture / Score by Aflo
Redaktion: Franz Leipold, Violau
Satz: Adobe InDesign im Verlag
Druck und Bindung: CPI books GmbH, Leck
ISBN 978-3-426-78636-9

Inhalt

Über mich – Ihr Buch!

Ich wurde geschrieben – für Sie! Und für alle anderen, die eine Wohnung haben und sie lieben. Oder eben nicht. Noch nicht. Überhaupt nicht. Es nie getan haben. Oder nie darüber nachgedacht haben, in welcher Beziehung das Wohnen zu ihrem Leben steht. Und wie sehr sich Wohnen und Leben gegenseitig beeinflussen und sich ineinander spiegeln.

Constanze Köpp, die Frau, die mich geschrieben hat, liebt Wohnungen, liebt Räume. Ob große, kleine, schmale, enge, leere oder überfüllte – sie beobachtet Räume, schaut zu, wie sie sich verändern, was mit ihnen geschieht, wofür sie stehen, was sie ihren Bewohnern bedeuten. Und sie erlebt durch ihre Arbeit die Menschen, die diese Räume bewohnen. Sie nimmt wahr, dass diese Menschen oft keine Beziehung zu ihren Räumen haben, dass sie es abtun mit Worten wie: »Es sind ja *nur* Räume.« Und wozu sind nun Räume da? Sie sind jedenfalls mehr als nur vier Wände mit einer Decke und einem Boden, sie sind ein Zuhause! Ein Schutzraum! Eine Kraftzelle! Aber dazu werden diese Räume erst, wenn man sich ihnen widmet und sich Zeit nimmt, um sich mit ihnen auseinanderzusetzen. Wer das möchte, wird sehr schnell feststellen, dass er sich dafür zunächst mit sich selbst auseinandersetzen muss: »Was will ich? Wie möchte ich mein Leben leben? Welche Bedeutung hat meine Wohnung für mich? Was kann ich tun, damit meine Wohnung eine Kraftzelle, ein Schutzraum, ein Lebensraum wird?«

Diese Fragen stellen Sie sich möglicherweise auch – sonst würden Sie das hier jetzt nicht lesen. Und so werde ich erwartungsvoll in Ihren Händen gehalten. Also: Begleiten wir uns doch ein wenig, vom Anfang bis zum Ende.

Was trieb Sie zu mir? Die Sehnsucht nach einem schönen Zuhause, nach Ordnung und Struktur? Nach Tipps, Ideen und Tricks rund um Ihren Wohnraum? Nach Ankommen, Atmen, Fallenlassen? Möchten Sie »aufgeräumt leben«? Ist Ihr Leben vollgestopft mit Dingen, die Ihnen die Luft zum Atmen nehmen und Ihr Leben belasten? Wollen Sie zufriedener und glücklicher leben – wer will das nicht? Mein Rat: Verordnen Sie Ihrer Wohnung eine Frischekur. Denn nirgendwo lassen sich Träume und Visionen leichter verwirklichen als in den eigenen vier Wänden. Jede Frischekur beginnt mit einem Entschlacken: Was nicht in den Körper, in die Wohnung, ins Leben gehört, muss entsorgt werden. Es beginnt also mit dem Loslassen. Loslassen schafft äußere und innere Freiheit, Loslassen ermöglicht ein »aufgeräumtes Leben«. Constanze Köpp kennt sich damit aus: Sie weiß, wie man Menschen das Loslassen beibringt, ebenso wie die Liebe zur Reduktion, zum Einfachen, zum Klaren, zum »Aufgeräumten«. Der Mensch braucht nämlich gar nicht viel, und er benötigt noch viel weniger, als er denkt; wonach er sich sehnt, das findet er sowieso in keinem Katalog. Einmal nur erleben, wie es sich anfühlt, die äußere Fülle und die innere Leere gegen ein inneres Erfüllt-Sein zu tauschen. Das sollte auch Ihnen gefallen! Deshalb wollen Sie mich lesen. Und weil Sie Lust haben, sich von mir inspirieren und motivieren zu lassen, die Räume, die Sie bewohnen, Ihre Wohnung einmal und endlich mit anderen Augen zu sehen!

Ich hoffe, meine Tipps für ein aufgeräumtes Leben, für das Loslassen und Wohnen sind so interessant, dass Sie viele Impulse und neue Erkenntnisse daraus ziehen.

Mein höchster Anspruch an Sie: dass Sie mich zu Ende lesen, mich danach zusammenklappen und zweifelsfrei davon überzeugt sind, dass endlich alles in Ordnung kommt! Dass Sie sich vornehmen: »Der Weg bleibt mein Ziel! Ich nehme die Sache in die Hand, ich gehe das Projekt an! Jetzt! Gleich! Es geht los!«

Begleiten Sie mich durch die Seiten und pflücken Sie hier und da eine Idee, die Sie anspringt. Bekritzeln Sie mich und unterstreichen Sie mich gern. Sie dürfen alles mit mir machen. Nur bitte werfen Sie mich nicht gleich weg, wenn Sie sich doch in mir getäuscht haben. Setzen Sie mich lieber irgendwo aus, wo jemand mich findet, ohne mich gesucht zu haben. Das verbuche ich dann unter »schicksalshafte Begegnung«.

Fröhlichen Dank!

PS: Eigentlich hat das Buch ja ganz schön viel Text von jemandem, der das Aufräumen, das Loslassen und das Leeren praktiziert. Aber Texte sind übersetzte Gedanken, und Gedanken wohnen im Kopf. Da, in Ihnen, darf es voll sein – um Sie herum, außen, nicht.

Und nun: Viel Vergnügen auf dem Weg in ein aufgeräumtes Leben!

Wohnen – Zuhause

Unser Zuhause gewinnt zunehmend an Bedeutung und rückt auch in der Unterhaltungsindustrie mehr und mehr in den Fokus. Es gehört doch heute schon zum guten Ton, sich seinen Lebensräumen zu widmen. Wir werden außen gezeigt und innen gelebt. Wir erkennen, dass eine bestimmte Wohnsituation unsere Lebensqualität verbessern, stagnieren oder verschlechtern und uns selbst sogar erkranken lassen kann. Seit Jahren passiert auf der Bewusstseinsebene eine ganze Menge. Und so werden wir uns unserer Wohnsituation immer bewusster und kommen nicht umhin, uns damit zu befassen. Deshalb an dieser Stelle ein kleiner Dank an die Wohn-TV-Formate, die wir uns täglich ins Wohnzimmer zappen können.

Wohnen wird zum Lebensthema. Wir müssen oder können das Leben nicht immer nur nach draußen verlegen. Das Leben muss wieder in unseren eigenen vier Wänden stattfinden, und das nicht nur im Winter. Stattfinden allein ist allerdings zu wenig, denn es geht um mehr. Es geht ums Wohlfühlen! Kaum vorstellbar, dass sich noch immer Menschen keine Gedanken um ihre Lebens- und Wohnsituation machen. Hauptsache, der Flachbildschirm geht nicht kaputt – denn der bringt ja genügend Leben in die Bude. Doch wer möchte sich damit begnügen, immer nur Zuschauer im Leben anderer zu sein? Wann endlich selbst Akteur werden? Und doch sind die Medien oft das einzige Hilfsmittel, derer sich Menschen bedienen können. Ist ja immer da, direkt vor ihrer Nase. Reagiert auch noch auf Knopfdruck. Immerhin eine gute Möglichkeit, um nicht über sich selbst nachdenken und Lebens- wie Wohnthemen selbst in die Hand nehmen zu müssen. Und überhaupt, wie sollte das auch gehen? Sie würden es ja gern mal ausprobieren, doch wenn die Bedienungsanleitung fehlt? Möge dieses Buch ein Impuls auch für jene Menschen sein, die nur schwer aus ihrem Fernsehsessel hochkommen!

Bevor das Loslassen praktisch wird, will ich versuchen, mit einigen Gedanken über das Zuhause, das Wohnen und unsere Emotionen dabei eine Brücke zum konkreten Loslassen zu schlagen.

Definieren Sie Ihren Anspruch und Ihr Niveau

»Es fängt alles beim Zuhause an.«
Lee Iacocca

Herz und Kopf sind voller Erinnerungen und Gedanken. Und unsere Wohnung? Auch da wimmelt es nur so von allerlei; allerlei Unbrauchbarem, Unnützem, Doppeltem, Kaputtem, Ungeliebtem, Unerwünschtem, aber natürlich auch von Erinnertem, Liebgewordenem, Unverzichtbarem. Und nichts von alldem scheint jemals genug zu sein. Die Vermehrungswelle schwappt über uns hinweg!

Während ich noch meinen Text in die Tastatur tippe, rufe ich eine kleine Umfrage auf, die ich vor kurzer Zeit mit Freunden, Bekannten und auch Fremden durchgeführt habe. Thema: Welche Bedeutung hat ein Zuhause? Hier die Antworten, die in manchen Fällen auch eine Gegenfrage waren:

- »Ist ein schönes Zuhause abhängig von Bewohnern oder von Möbeln?«
- »Wer zeigt uns, wie man ein Zuhause schafft?«
- »Ich bin gern zu Hause, leider sind meine Kinder lieber woanders.«
- »Ich brauche Geld, um es mir schön zu machen.«
- »Ich kriege nur das, was andere nicht mehr brauchen!«
- »Ich bin nicht viel, aber ich habe viel, das ist ein Anfang!«
- »Es ist das, was ich zwar sehen, aber einfach nicht fühlen kann!«
- »Ich bin so viel gereist, dass ich jetzt endlich mal nicht nur *das* Zuhause nenne, wo mein Herz gerade schlägt. Ich will endlich mal ankommen, bleiben und mich einrichten.«
- »Wenn sich auch meine Freunde bei mir wohlfühlen, ist es ein richtiges Zuhause.«
- »Freiheit. Tun zu können, was ich will, ohne beobachtet zu werden. Leider lernte ich nie, Dinge loszulassen, die mich eigentlich stören. Aber muss ich ja auch nicht, ist schließlich *mein* Zuhause! Kommt eben keiner mehr zu mir, dem die Fülle nicht passt.«
- »Zuhause ist, wo ich bin, nicht, wo ich mich aufhalte.«

Und Sie? Wie hätten Sie mir geantwortet? Mit einer Gegenfrage? Spontan? Oder hätten Sie überlegen müssen, weil

Sie sich die Frage bislang nie gestellt haben? Möge Ihnen dieses Buch auch ein Weg zu einer Antwort sein!

Selig sind, die ihre Wohnung auch ein Zuhause nennen: Stimmt das? Ja! Denn ein Zuhause ist verknüpft mit Emotionen: mit innerem Wohlfühlen und Ankommen. Ein Zuhause bietet Schutz. Wer viel umzieht, mag die anfängliche Aufregung noch genießen, bis sie am Ende vom Stress verdrängt wird. Körper und Geist sind immer in Aufbruchstimmung, finden selten Ruhe. Und jene, die nicht reisen müssen? Sie leben in ihren eigenen vier Wänden und kommen auch nicht zur Ruhe. Sie kommen nicht einmal gern an. Sie halten ihre Räume nicht in Schuss. Und ein Stück weit auch nicht mal sich selbst. Oder doch, wenn sie ein Doppelleben führen. Diesen Bewohnern in zwei Leben begegne ich nicht selten in der Praxis.

Wir wissen zwar häufig, wonach wir uns sehnen, scheitern aber meist daran, uns das auch ins Leben zu holen. Entweder fehlt es an Muße, Ideen und Geld, oder wir scheitern an der Fülle um uns herum, die einfach nicht weniger wird. Die Dinge dienen uns? Nein, wir dienen den Dingen. Wer viel hat, hat auch viel Arbeit; ja er arbeitet sogar noch für all den Kram, der schließlich geputzt, poliert und repariert sein will. Selbst jene, die sich schick und üppig eingerichtet haben, die der Schuh des Mangels niemals drückt, müssen nicht unweigerlich zu Hause angekommen sein, auch nicht, obwohl Meister XY ihnen doch alles nach bestem Gewissen designt und eingerichtet hat.

Na so was! Zuhause ist ein Gefühl! Und Gefühle wohnen *innen*. Der schönste Schrank befriedigt das Außen, den optischen Anspruch, kleidet und füllt einen Raum – aber positiv beseelen wird er ihn nicht. Er füllt den Raum, aber füllt nicht unsere innere Leere. Für ein Zuhause braucht es mehr als nur den Tisch, das Sofa, das Bett und den Schrank. Räume lassen sich durch Möbel zwar kleiden, einkleiden und verkleiden, aber an Seele gewinnt ein Raum erst durch den Menschen, der ihn betritt und in ihm lebt und ihn liebt. Ausnahmen sind wohl alte Stücke aus Großmutters Kindheit, die für uns viel mehr sind als ein Möbelstück; sie sind einfach ein Stück alt gewordene Seele. Selbst Musik gibt einem Raum oft mehr als eine Couch, weil schöne Stimmen Energie spenden und Emotionen freisetzen, wodurch sich der Raum ebenfalls beseelen lässt.

Sich mit dem Thema »Wohnen« auseinanderzusetzen, ist nicht jedermanns Leidenschaft. Für die einen ist »Zuhause« eine Ansammlung von Räumen, in denen Möbel abgestellt und die mit scheinbar Brauchbarem befüllt werden, das Akzente setzt. Für die anderen ist es die Basis eines Lebensgefühls, ist es Ausdruck, Persönlichkeit, Lebensqualität. Sie lieben es, optische Wohlfühloasen und einladende Refugien zu schaffen – für sich und auch für andere. Für viele meiner Kunden ist ihr Zuhause kein Zuhause. Schon längst nicht mehr oder im schlimmsten Falle auch nie gewesen. Es gleicht eher einer Abstellkammer, einem Sammelsurium von Geschichten, Accessoires, zusammengewürfelten Erinnerungen und Nippes, mit möglicherweise tollen Einzelstücken, die in der Gesamtheit alles andere als harmonisch wirken. Eine Wohnung im Dornröschenschlaf – unfreiwillig zwar, wenn der Mensch sich entweder nicht kümmern will oder es nicht kann.

Umso wertvoller ist es, wenn es Zeitschriften und Wohnsendungen gelingt, uns immer mal wieder wachzuküssen, denn Wohnen ist verdammt noch mal auch *Leben!*

Der persönlichste Ort, unsere Insel, unsere Oase, unser Spiegel, unsere Visitenkarte – ein Ort, den wir bezogen haben. Für den wir Miete zahlen. Warum dann gedankenlos, sträflich und lieblos mit ihm umgehen? Wie viel Vernachlässigung können Raum und Mensch ertragen?

Wir springen täglich unter die Dusche und putzen uns zweimal am Tag die Zähne. Nicht nur als Vorsorge, sondern auch aus dem Bedürfnis heraus, sich vom Mief der Nacht und vom Belag des Tages zu befreien, etwas loszulassen, mit dem wir uns nicht wohlfühlen. Zu uns gehören weder Dreck noch Schmutz, weder Schimmel noch Staub, kein Mundgeruch und auch kein Ungeziefer. Nichts davon gehört zu einem Körper und auch nicht zu den Räumen, in denen der Körper ja wohnt. Zur innerlichen Säuberung und Reinigung gehört natürlich noch mehr, nämlich schöne, glückliche, positive Gedanken – davon später mehr.

Wir sollten vertraut sein mit unseren Räumen, damit wir in ihnen mit verbundenen Augen zurechtkommen können. Hier sollten wir nichts suchen müssen, hier sollten wir finden. Alles hat sein Plätzchen, alles wurde liebevoll gestellt und arrangiert. Alles hat dort seinen Sinn und seine Aufgabe.

Klingt das bekannt für Sie? – Sehen Sie, und vielleicht halten Sie genau deshalb dieses Buch in Ihren Händen, weil es eben nicht so selbstverständlich für Sie ist. Ich begleite Sie, ich gehe mit Ihnen, den Weg zu einem schönen, aufgeräumten, übersichtlichen und einladenden Zuhause – und gerne noch ein Stückchen darüber hinaus.

Zuhause ist, wo wir uns wohlfühlen. Wo wir abschalten, träumen, lieben, verführen, feiern, einladen, anderen begegnen. Wo wir uns verstecken und gehenlassen und einfach so sein dürfen, wie wir sind. Zuhause setzen wir die Masken ab. Und doch kann auch ein Zuhause maskiert werden, wenn es bestimmte Zwecke erfüllen muss, zum Beispiel als äußeres Statussymbol oder wenn es aus Repräsentationsgründen gefallen soll – mehr Schein als Sein.

Das Außen wird eben schneller gesehen als das Innen. Mit Authentizität hat das nicht immer was zu tun. Da wird für *andere* und weniger für *sich* gestaltet und designt. Und es wird immer Menschen geben, die sich lieber einrichten lassen als selbst – oder mit Unterstützung – herauszufinden, was ihrer inneren, persönlichen Sehnsucht entspricht. Natürlich sind Einrichter wertvoll, solange sie die Wünsche ihrer Kunden berücksichtigen und nicht nur die eigenen Ideen verwirklichen und auf den Verdienst schauen, das heißt solange sie gemeinsam mit ihren Kunden Bedürfnisse und Budget im Auge behalten.

Und auch beim Loslassen scheitern viele. Daher ist es sinnvoll, sich jemanden an die Seite zu holen, der mit Herz, Verstand und Empathie unterstützen kann. Doch leider stellen sich oft Scham und Stolz in den Weg, jemand anderen in sein Chaos oder in die Tiefe von Schubladen schauen zu lassen, die man selbst schon nicht mehr öffnen kann. Ein Teufelskreis? Schluss damit!

Ich habe schöne moderne Häuser betreten, in denen es mich fröstelte, obwohl die Heizung auf Hochtouren lief. Und ich stand in kleinen, vollen und eher preiswert eingerichteten Räumen, die Wärme und Geborgenheit ausstrahlten. Es ist wie mit den Menschen: Sie können noch so attraktiv aussehen, ohne Herz und Charakter verliert sich diese Schönheit, gerade für jene, die vorrangig den Blick nach innen richten. Nicht für jene, denen die Oberfläche reicht, weil sie ein Schmuckstück ohne inneren Kern suchen, um daneben selbst ein wenig Glanz abzubekommen. Was bedeutet aber nun Niveau und Anspruch? Das sollte jeder für sich selbst herausfinden, wobei die Antworten viel an Erfahrungen widerspiegeln werden. Doch was gestern war, kann heute und morgen seine Gültigkeit verlieren. Wo wollen wir hin? Was zieht uns an? Was bereichert uns, was macht uns glücklich? Mit zunehmendem Alter wächst auch der Blick, mit der Reife des Alters bekommen wir auch ein feineres Gespür – für Menschen, Situationen und Umgebungen.

5 Säulen, die einen Raum einladend machen:

Licht:
Verstärker für Stimmung und Gemütlichkeit im Raum (Dimmer und Kerzen).

Farbe:
Optischer Verstärker und Stimmungsmacher, dient dazu, bestimmte Bereiche zu betonen.

Duft:

Schlechte Gerüche sind ausladend und quälend, deshalb gilt als Grundsatz für mehr Nähe: »sich gut riechen können«. Blumen, Lufterfrischer, Räucherstäbchen und vieles mehr unterstreichen den Duft eines Raumes.

Ordnung:

In der Ordnung ruht die Seele, es wird keine Zeit fürs Aufräumen geopfert. Chaos hingegen kann Menschen isolieren.

Wärme:

Basis für Behaglichkeit, wirkt unangenehmem Frieren entgegen.

Oberste Priorität in meinem Buch ist das Prinzip des Loslassens, wobei ich auf alle Räume im Einzelnen eingehen werde. Sie möchten gestalten? Gern, doch vorher ist das Ausmisten, das Sich-Befreien angesagt. In meinen Einsätzen bin ich hautnah dabei, wie sich Angst und Hilflosigkeit breitmachen. Angst, sich vorschnell von etwas zu trennen – man könnte es ja eines Tages doch bereuen und vermissen. Vermissen? Etwa Dinge, die wir zuvor lange genug weder gesehen noch je gesucht geschweige denn spontan gefunden haben? Und wann genau ist eines Tages? Und Hilflosigkeit, weil der erste Schritt angeblich immer der schwerste ist. Ich meine, das Stehenbleiben ist am Ende anstrengender als das Losgehen. Sie haben also die Wahl zwischen zwei Möglichkeiten mit unterschiedlichen Ergebnissen. Doch nur eine wird Ihnen einen optischen und fühlbaren Erfolg garantieren! Kommen Sie!

Heute bleiben wir nicht stehen und gehen einfach los! Probieren Sie es wenigstens einmal aus. Das Stehenbleiben kennen Sie zur Genüge. Es wird Zeit für Möglichkeit zwei!

Ich werde Sie dabei begleiten, wenn Sie in Stunden oder Tagen wieder abschaffen, was Sie über Jahre hinweg angeschafft haben, wenn Sie aus Ihren Räumen schleppen, was Sie zuvor hineingestopft haben. Immer und immer wieder, ohne etwas ausgetauscht zu haben. Da liegt die Wirkung auf der Hand! Doch keine Angst: Sie werden am Ende keine leeren Räume vorfinden. Weder Sie noch Ihre Räume werden sich nackt, entblößt oder kalt vorkommen. Sie behalten die Kontrolle über Haben und Nicht-Haben. Es geht jetzt nur um eine neue Basis: klar, wohnlich, gemütlich und einladend. Ihre Wohnung ist ein Spiegel, in den Sie endlich wieder hineinschauen werden. Und was sollen Sie am Ende sehen? Sich selbst, und zwar gern! In einem liebgewonnenen Zuhause. Apropos leere Räume: Eine Begegnung, auf die ich später noch eingehen werde, hat mir ein neues Gefühl von Leere vermittelt. Ich freue mich, diese Erfahrung mit Ihnen teilen zu können. Ich bitte lediglich noch um ein paar Seiten Geduld.

Auf den Abschied von der Fülle folgt die Gestaltung mit dem, was bleiben durfte. Jetzt wird die Wohnung neu empfunden und anders wahrgenommen. Wie fühlt sich das an? Sie stecken mittendrin, im »Abenteuer Wohnen«. Finden Sie neue Vorlieben, weg mit den Abziehbildern aus irgendwelchen Katalogen. Seien Sie Ihr eigener Einrichter, trauen Sie sich unterschiedliche Modelle zu! Katalogseiten sind nur selten übertragbar, eher können sie tolle

Inspirationen sein. Eins zu eins hieße, sich gegenseitig zu kopieren. Ein Klon unter tausend? Eher ein Clown. Pflücken Sie sich lieber hier und da noch etwas heraus und lassen Sie allem freien Lauf. Freuen Sie sich auf Ihre individuelle Komposition, die so mit Sicherheit kein zweites Mal auftaucht. Sie sind auch keine Masse, also denken Sie für sich! Fühlen Sie für sich! Horchen Sie mal nur in sich hinein! Lassen Sie Möbel und Gegenstände, die nicht fest verschraubt und eingebaut sind, durch den Raum wandern. Wer Schrankwände bevorzugt, ist oft auch selbst ganz festgenagelt. Bewegungsstarr im Leben. Doch das Leben ist im Fluss, im steten Wandel, und kein Augenblick gleicht dem anderen. Gönnen Sie auch Ihren Möbeln ab und zu Bewegung, und nehmen Sie die vielen Stimmungsbarometer bei sich wahr, denen Sie immer wieder begegnen werden, wenn Sie Ihr Zuhause aus den Angeln heben.

Jeder Raum ist das Ergebnis unseres eigenen Schaffens. Und er bleibt Ausdrucksplattform für Sehnsüchte, Träume, Visionen, Erfahrungen und Weisheiten. Der Raum allein macht uns so viel oder so wenig glücklich wie wir ihn. Besonders glücklich fühlen wir uns erst dann in Räumen, wenn wir vor allem unsere Erwartungen und Emotionen berücksichtigen. Deshalb müssen wir herausfinden, was wir lieben, was wir brauchen, was uns guttut. Man erkennt sehr schnell, ob Räume liebevoll und mit Bedacht eingerichtet sind oder ob Möbel nur dem Zweck dienen und einfach abgestellt wurden, weil sie praktischen Ansprüchen und weniger Herzensansprüchen gerecht werden müssen. Weil der Kopf über den Bauch entschieden hat.

Zu Hause sein, sich willkommen fühlen – das sollen wir empfinden, sobald wir die Haustür aufschließen. Aufatmen, weil wir *ankommen!* Und ob wir dabei Unterstützung von anderen bekommen oder alles im Alleingang kreiert haben, ist nicht von Belang. Einzig das Ergebnis zählt! Schön, wenn wir gern betrachten, was uns alles umgibt. Wenn nichts kaputt, verbraucht oder ungeliebt ist oder in Schränke hineingestopft und dort versteckt werden muss. Was mit uns lebt, entscheiden wir allein; deshalb suchen wir auch den Platz aus, den es verdient. Und mangelt es an Platz, dann müssen wir abbauen, bevor sich Dinge stapeln. Verschicken wir sie lieber dorthin, wo man sie achtet und wertschätzt! Dorthin, wo sie Raum bekommen, wo sie geschätzt werden und von Nutzen sind. Doch oft genug ist die Mülltonne der beste Aufbewahrungsort. Unvorstellbar, wenn es keine gäbe und man alle Anschaffungen im Leben für immer behalten müsste! Ich muss oft schmunzeln, wenn meine Kunden mir stolz neue Ablagesysteme für Dinge präsentieren, die ich lieber ausgemistet hätte. Ich will nicht, dass angebaut wird; ich will genau das Gegenteil, damit man sich neue Wandhalterungen für teure Abos einfach sparen kann. Ich will die Wand für schöne Bilder, nicht für Ablagesysteme missbrauchen. Aktuell ist, was wir *heute* in die Hand nehmen und durchblättern können. Was wir horten und was den Ablageberg nur vergrößert, fristet dort lange ein trauriges Dasein. Außerdem sind wir – gerade bei Tageszeitungen – überhaupt nicht up to date, wenn wir erst heute die Zeit finden, das Geschehen der letzten Woche zu studieren. Welches Abo raubt also Zeit, die einfach nicht vorhanden ist? Oder wir müssen lernen, unsere Zeit besser einzuteilen!

Kribbeln Ihre Hände schon? Wollen Sie endlich bewegen? Schauen Sie sich bereits um? Ich wüsste gern, ob Sie schon heute einen ersten kleinen Schritt gehen werden.

Warum nicht jetzt sofort? Worauf noch warten? Was muss geschehen? Hätte gestern doch besser gepasst, oder meinen Sie, morgen sei ganz gut? Aber morgen wird heute schon gestern sein, es wird entweder immer oder nie passen! Ist nicht jeder Tag ein verlorener Tag, an dem wir nicht gern nach Hause kommen? War Ihnen je bewusst, wie besonders ein schönes Zuhause sein kann? Wir haben genug Sorgen und Alltagslasten, die nicht so einfach abzuschütteln sind. Umso wichtiger ist es, Räume zu schaffen, in die wir abtauchen, in denen wir auftanken und ein wenig Ruhe vor dem nächsten Sturm genießen können. Der Mensch braucht ein Refugium, wo er ungestört nachdenken, in sich gehen kann und unbeobachtet sein darf. Gerade für Paare ist es wichtig, sich auch mal aus dem Weg gehen zu können. Die Anwesenheit des anderen spürt man immer, aber sich mal nicht in die Augen schauen oder schweigend gegenübersitzen zu müssen – auch das kann von unschätzbarem Wert sein. Und hat nicht jeder seinen eigenen Raum oder zumindest seine ganz eigene Ecke – eventuell durch Raumteiler markiert – verdient? Aber diese Antworten fallen in die »praktische« Ecke dieses Buches.

Zurück zur Fülle. Warum besitzen wir so viel und schaffen noch mehr an, obwohl uns der Platz dafür längst fehlt? Beim Shoppen denken wir natürlich nicht daran; Einkaufsvergnügen ist eben nicht Einkaufsvernunft. Produkte gibt es ohne Ende, und der Markt wird niemals leer und ist ein Paradies, das stündlich vergrößert und erweitert wird – nicht jedoch die Vitrinen bei uns daheim! Auch ich habe in manchen Momenten zugelassen, dass die Krallenhände der Geschäfte nach mir griffen, ohne mich zu wehren.

Heute ist das anders: Heute können diese Krallen noch so lang sein, sie erreichen mich nicht, außer ich habe den Vorsatz, etwas gezielt anzuschaffen, doch dann strecke ich meine eigenen Krallen aus! Ich strahle auch nicht mehr aus, dass ich erliegen könnte, dass ich schwach und ein potenzielles Opfer bin. Ich weiß auch, dass es die Einzelhändler nicht gut mit mir meinen, aber *ich* meine es wieder gut mit mir, und darum kann ich auch verzichten! Ich bin stark. Ich weiß, was ich will – besonders, was ich anschaffen will. Sowohl fürs Außen als auch fürs Innen! Und ich weiß, was ich nicht mehr brauche: Dinge, die mein Zuhause verstopfen und mich leer zurücklassen. Was nicht bedeutet, dass auch ich mich nicht verleiten lasse zu einem kleinen Spontankauf aus dem Bauch heraus. Aber dann muss etwas anderes gehen. Und bisher bin ich dem Motto treu geblieben: wenn etwas Neues kommt, muss etwas Altes gehen! Irgendwas finde ich immer!

Was zeigt uns die Fülle im Außen? Dass wir es uns leisten können, viele Dinge anzuschaffen? Wirklich leisten, ohne Pump? Gut, das mag befriedigend sein. Oder wäre es möglich, dass wir dadurch nur etwas kompensieren? Das wäre schlecht. Wenn wir keine echten Freunde haben, keine erfüllte Partnerschaft, keine Arbeit, der wir mit Leidenschaft nachgehen, warum dann auch noch im Außen keine *Erfüllung* haben? Genau, wir gönnen uns ja sonst nichts! Also, Fülle im Außen muss her, auch wenn das mit Erfüllung wenig gemein hat! Oberflächlich gesehen vielleicht, wäre da nur nicht die Sache mit der Tiefe. Ein (Kauf-)Kick für den Augenblick ist ja so trügerisch, denn Nachhaltigkeit bedeutet in Wahrheit etwas ganz anderes. Lassen Sie es uns umkehren! Reduzieren wir doch unser *Haben,* und vermehren wir das *Sein.* In uns drin ist so viel Platz, weitaus mehr als in den Schränken, deren Platz beschränkt ist. Verrückt, nicht wahr? Wir schaffen ohne Ende an und verdrängen die räumlichen Schranken. Es ist höchste Zeit, Anschaffungen für den Seelentank zu tätigen!

Zur Erinnerung: Wer zu lange ins Chaos schaut, dem starrt das Chaos ins Gesicht! Füllen wir uns lieber mit allem, was uns stark, zufrieden, glücklich macht. Gönnen wir uns endlich den inneren Reichtum! Welchen Wert hat denn äußerer Reichtum noch, wenn man ihn zerbrechen, stehlen, beschädigen oder ruinieren kann? Kann man stehlen, was Sie in sich tragen? *Nein!* Sie können höchstens zulassen, dass etwas Wertvolles zerbricht – ein Gefühl, ein Vertrauen, ein Instinkt. Und warum? Weil *Sie* es nicht geschützt, Sie nicht auf sich aufgepasst haben! Aber einen anderen können Sie nicht zum Täter stempeln (auch wenn es erleichternd wirkt, auf jemanden zu fluchen und sich selbst das Opferschild umzuhängen) –, denn Sie sind der Täter. Alles, was Sie tun oder nicht tun, tun Sie ausnahmslos für oder gegen sich!

Mit dem, was in uns steckt, reisen wir überallhin. Wir brauchen keinen Koffer. Wie leicht wir doch sind, trotz all der Fülle in uns. Doch warum kommt der eine weiter als der andere auf seinem Weg? Am Koffer wird es doch nicht liegen?

Ich kenne Kunden, die nicht einmal zu Hause ihre neuen Einkaufstüten leeren. Welch hoher Preis für einen kurzen Augenblick, für einen schnellen Kick. Wie wäre es mal damit, das Geld direkt auf die Straße zu werfen? Nicht anders verhält es sich mit Anschaffungen, die wir kurz nach dem Kauf schon wieder bereuen oder nicht mehr wahrnehmen. Der Kick ist ja vorüber. Investieren wir endlich in *uns,* und danach gern in *unsere Räume,* nachdem wir dort aufgeräumt und Platz für Schönes geschaffen haben, das sich zu unseren Schätzen und Lieblingsstücken gesellen kann – und jenen Platz erhält, den es braucht, um auch wahrgenommen zu werden.

Einmal angenommen, ich würde Sie für zwei bis drei Wochen in die Ferien schicken. Welche Reisebegleiter dürften in den einzigen Koffer, den ich Ihnen bereitstellen würde? Ein anderes Beispiel: Kennen Sie jene Dinge, nach denen Sie umgehend greifen würden, wenn Ihr Haus im nächsten Moment abgerissen würde? Ich bin der Meinung, Panik kann nur ausbrechen, wenn man mit einem leeren inneren Tank flüchten müsste. Reife, Mut und Weisheit passen doch in keine Reisetasche!

Ich fragte eine liebe Kundin, welche zehn Dinge sie aus ihren überfüllten Räumen retten würde. »Frau Köpp, ich komme nur auf drei!« So erleichtert ich war, so erstaunte mich gleichzeitig die unerwartete Antwort. Woran unser Herz hängt, das wissen wir genau. Und ist nichts da, was sagt uns das? Genau! Dass uns wohl nichts umgibt, woran wir wirklich hängen. Warum ist das so? Auf einem Teil des Weges, auf dem ich Sie begleite, muss stehen: »Mehr Anspruch! Mehr Liebe!« Ich übertrage das einmal auf den Menschen: Auch wir als Person wollen zum Auserwählten gehören, nicht zum Nippes im Leben eines anderen. Wir möchten auch nicht in Schubladen gesteckt werden oder im hintersten Teil eines Schrankes ersticken. Wir wollen zum Fundament gehören, auf das ein anderer bauen und setzen kann. Wir wollen für jemanden *wert-voll* sein. Je höher wir uns selbst *wert-schätzen*, desto mehr tun es die anderen. An den Menschen, die uns begegnen, erkennen wir unseren eigenen Anspruch und unseren Selbstwert. Und an dem, was wir angeschaufelt haben, natürlich auch. Unsere Gedanken und Gefühle sind Magneten zwischen uns und der Außenwelt. Und manchmal wundern wir uns sicherlich, welche Menschen und welche Themen wir anziehen. Oft sind es genau jene, die uns gerade für diesen Augenblick dienlich und hilfreich sind, auch wenn uns manche nur den Spiegel vor die Nase halten – so lange, bis wir ein bestimmtes Thema angegangen sind, verstanden haben und uns erklären können.

Werden wir kleiner nach Schicksalsschlägen, oder wachsen wir an ihnen, so dass wir innerlich und äußerlich gestärkt unseren Weg weitergehen können? Sowohl als auch, denn Haltung und Glaubenssätze spielen hierbei eine große Rolle. Buddeln wir uns ein, verschanzen wir uns, verstecken wir uns vor dem Leben? Sehen wir unsere Wohnung als einen Schutz und einen Panzer? Dann bauen wir dort Berge, die uns das trügerische Gefühl einer sicheren Festung vor den bösen Alltagswölfen da draußen bieten. Wir sind nicht angreifbar, und greifen uns doch selbst an.

Wir be-greifen das Leben nicht mehr als Wunder. Es ist zum Schneckenhaus geworden. Unsere Berge bestehen nicht aus Schätzen, sie bestehen aus Ballast. Und dabei ist die Welt da draußen nur so grausam, wie wir sie uns grausam erscheinen lassen. Warum erleben zwei Menschen am selben Arbeitsplatz den Arbeitstag völlig gegensätzlich? Der eine als Erfüllung, der andere als Grauen? Es ist das Innen, das sie unterscheidet. Beide wählten für sich eine andere Haltung, mit der sie dem Tag und ihrer Arbeit begegnen. Oder der eine liebt seine Arbeit und seine Kollegen, während der andere einfach fehl am Platz ist und gern Ort und Beschäftigung wechseln würde. Aber dann hilft nur der Mut zur Veränderung! Mut? Ja, Erfolg ist aus Mut gemacht! Die einen leuchten auf, die anderen brennen aus: Weil die einen tun, was sie erfüllt und stärkt, und die anderen, was sie entkräftet und aussaugt.

Kommen wir zurück zu diesem Reisekoffer, den Sie packen dürfen. Wie lange brauchen Sie? Werden Sie von Emotionen oder von Ihrem Verstand geleitet? Später, wenn Sie ordentlich ausgemistet haben, wiederholen Sie die Frage bitte. Wahrscheinlich taucht beim Loslassen das eine oder andere verloren geglaubte Herzstück wieder auf. Nur komisch, dass Herzstücke überhaupt erst irgendwo wieder auftauchen müssen. Herzstücke sollten greif- und sichtbar sein! Wägen Sie immer wieder ab: Lieblingsstück und Inselbegleiter oder störender und überflüssiger Mietnomade?

Hab ich's noch voll oder schon satt?

Selten hat Fülle auch Struktur, weil es an Ordnungssystemen und Stauraum mangelt. Schränke platzen aus allen Nähten, und selbst *auf* dem Schrank sieht es nicht besser aus. Nun ist der Schrank bereits ein dominantes Möbelstück, doch meistens kriegt er noch eins auf den Deckel: Wenn Sie schon den Stauraum zwischen Decke und Schrankdach nutzen, dann gilt: einheitliche Kartons oder Körbe – das irritiert die Augen nicht. Und beim nächsten Kauf lieber gleich darauf achten und Schränke auswählen, die bis zur Decke reichen. Gibt es einen Aufsatz für den vorhandenen? Ist ein Freund nicht zufällig auch Tischler oder Schreiner?

Für die einen ist Fülle lediglich »etwas viel Überschuss«, für andere bereits »emotionaler Ballast«. Diese Menschen sind weiter, weil sie kurz vor dem Durchbruch stehen, endlich etwas zu verändern, damit ihr Leben – und ihr Wohnen – wieder ins Gleichgewicht kommen. Überschüsse haben schließlich lange Beine und sind ziemlich fruchtbar. Wann wird Fülle zur Last? Wann fängt Fülle an, uns zu belasten? Wenn Sie sich wissensdurstig und aufmerksam mit Ihrer Umgebung auseinandersetzen, werden Sie auch bald auf eine Antwort stoßen. Und was auch immer Ihre persönlich empfundene Fülle mit Ihnen macht oder erst noch machen wird, es wirkt sich als Last auf alle Bereiche aus. Und was rückt alsbald in den Fokus? Dieses unliebsame Gefühl, das man mit seinem »Zuhause« verbindet. Ich will, dass Sie Spaß an Ihrer Wohnung und mit sich selbst haben. Tolle Worthülse und ein Wunsch von der Stange? Stopp! Wenn Sie Ihre *Einstellung* ändern, Ihre Haltung, Ihren Fokus, dann können Sie nur gewinnen – obwohl Sie auch etwas verlieren: Ballast.

Und jetzt gehen Sie den ersten Schritt mit einem neuen Glaubenssatz: »Mein Zuhause ist schön! Ist einladend! Ist gemütlich! Ist sauber! Ist übersichtlich! Ich liebe mein Zuhause!« … Sie kennen doch den Trick, dass etwas eintrifft, wenn Sie es fühlen und sich vorstellen können, wie und dass es bereits eintrifft. Denken Sie sich Ihre Zukunft in der Gegenwart! Das mag verrückt klingen – aber nur für Ungeübte. Das Leben hält die verrücktesten Sachen bereit, und doch sind sie oft wie maßgeschneidert für uns. Nach dem Verstehen kommt das Ausprobieren, kommt das Wissen. Ich bin stolz darauf, Sie ein kleines Stück auf dem Weg zum inneren und äußeren Wandel begleiten zu dürfen … wenn Sie es zulassen und meine Worte als Chance betrachten. Sie haben nichts zu verlieren, außer einer Menge Last, überholter Ansichten und verstaubter Affirmationen!

Wissen Sie eigentlich, wie es sich ohne Fülle anfühlt? Haben Sie bereits anders als im jetzigen Zustand gewohnt? Wie sieht das Leben eigentlich hinter dem Chaos, hinter der scheinbaren Ausweglosigkeit aus? Ihr (persönliches) Leben kann Ihnen nicht weglaufen, es wird auf Sie warten, solange Sie leben. Aber wie lange wollen Sie noch warten, wenn Tag um Tag verstreicht und dadurch das Guthaben auf Ihrem Lebenskonto immer kleiner wird? Wie lange? Und wie vergeblich? Gehen Sie einen Schritt auf Ihr Leben zu, während es neben und mit Ihnen altert, aber nicht von Ihnen gelebt wurde. Mir tun so manche Leben leid, und ich möchte es manchmal jenen schenken, die keins mehr (vor sich) haben, weil Krankheit und Tod auf sie warten! Also, es ist *Ihr* Leben, nicht das eines anderen. Bitte machen Sie etwas daraus. Ihr Leben wird es kein zweites Mal geben. Und zurückgehen können Sie auch nicht. Und vom Umtausch ausgeschlossen ist es auch – zum Glück! Was im Gestern lag, das kennen Sie. Worauf wollen Sie im Morgen denn gern treffen?

Fülle – das ist Geschenktes, Gekauftes und Gefundenes. Wann aber sagen wir »ja« zu einer Sache? Wenn wir sie brauchen, sie uns Freude macht, wenn wir uns für etwas belohnen wollen. Sogar wenn wir losgehen, um für andere etwas zu kaufen, tragen wir nicht selten noch ungeplante Tüten für uns selbst nach Hause. Wie schnell das geht! Muss es ja auch, wir sind ja im Alltag ständig getrieben. Leiden unter permanenter Eile, Beschleunigung und Konkurrenzdruck.

Was ist eigentlich mit jenen Geschenken, für die wir uns natürlich bedanken, obwohl wir diesen Dank in Wahrheit nicht verspüren? Unsere Wohnung wird gerade voller, wir müssen Platz schaffen für etwas, das wir nicht erwartet haben.

Benötigen wir eigentlich immer, was wir suchen und finden? Oder was wir finden, ohne es gesucht zu haben? Können wir denn brauchen, was auf keiner unserer Wunschlisten gestanden hat? Und selbst, wenn alles in oder hinter den Schränken verschwände, so bleibt doch das Chaos, weil wir es nicht aufgelöst haben. Wir müssen Chaos und Fülle nicht sehen, um beides zu spüren. Apropos, haben Sie schon eine Wunschliste, ein sogenanntes Vision-Board mit Zielen, Träumen, Anschaffungen und

Plänen für die Zukunft, die Sie bereits abarbeiten? Nein? Dann basteln Sie eines, legen Sie los, rahmen Sie es ein, hängen Sie es auf, und schauen Sie immer wieder drauf!

Wann ziehen wir durch Einkaufsparadiese? Wenn wir Langeweile haben, aus Frust, weil der Jagdinstinkt befriedigt werden muss, oder weil wir bereits Shopaholics sind? Um uns zu trösten und zu kompensieren, wonach wir uns sehnen, was wir aber nicht haben? Ich wiederhole gern: Nicht existenziell notwendige Einkäufe geben uns den Kick für einen Augenblick, doch wie lange ist ein Augenblick? Hätten wir das Geld in eine Erlebnis-Dienstleistung investiert, hätte das unsere innere Schatztruhe gefüllt, jene Truhe der Erfahrungen, Erinnerungen und magischen Momente. Hiermit können wir uns füllen, bis wir platzen – kein Problem, es dient dem allerbesten Zweck: unserer Lebensfreude. Und eine phantastische Nebenwirkung: Unser Zuhause bleibt verschont und kriegt nichts ab von dieser schönen Fülle.

Nicht an Gegenständen wachsen wir, wir wachsen an Erfahrungen, Erlebnissen und Abenteuern. Und natürlich an der Liebe – zu uns und auch zu anderen. Wenn die schönen Gefühle fehlen, dann muss wohl unbewusst ein Ausgleich her. Was liegt da näher, als Fehlendes durch Anschaffungen auszugleichen? Aber wofür belohnen wir uns? Wir beruhigen uns – und sind am Ende doch kein Stück beruhigt. Ein Teufelskreis! Wollten wir uns zeigen, dass wir es uns leisten können? Dabei können wir es uns doch *gar nicht* leisten, unser Außen noch mehr zu füllen. Hätte unsere Wohnung doch nur ein Mitspracherecht!

Waren Sie jemals süchtig genug, von genau dem immer mehr zu wollen, das Ihnen richtig guttat, Sie erfüllte und innerlich tanzen ließ? Sie können das doch nur mit »ja« beantworten! Und wie lange liegt das Gefühl der Erfüllung und des Glücks schon zurück? Stand es je in Relation zu einem schönen Kleid, in dem wir uns bewundern lassen oder einfach nur toll fühlen wollen? Natürlich nicht! Und wir dachten in jenen Momenten nicht mal über Neuanschaffungen nach. Wir wollten nur eines: dass dieser Augenblick zur Ewigkeit wird, weil wir spüren, wie er unser Inneres füllt, wie er uns Erfüllung schenkt. Ein Kleid hätte noch nicht einmal den Schrank erfreut, denn der platzt ohnehin aus allen Nähten durch die vielen Dinge, die schon vergeblich auf ihren Einsatz warten. Vor langer Zeit erstanden, seit langer Zeit vergessen. Hören Sie, was der Kleiderschrank sagen würde: »Ich bin schon voll! Trag endlich mal, was in mir hängt. Räum mich auf, sortiere mich neu und entferne, was dir eh nicht mehr gefällt und nicht mehr steht. Ich sehe dich täglich vor mir stehen, sehe, wie du dich quälst, weil nichts passt, nichts gefunden wird oder dich angeblich nichts mehr kleidet. Und diese unterschiedlichen Bügel erst, auf denen deine Kleidung hängt, furchtbar lieblos! Auch Kleider haben ihren Stolz – und wirken, oh Wunder, ganz anders auf einheitlichen schlanken, schönen Bügeln. Weißt du, dass es in mir mieft? Ich hätte überhaupt nichts gegen ein paar frische Duftsäckchen!«

Schon Stunden nach einem Kauf ist es möglich, das Stück nicht mehr wahrzunehmen. Und warum auch – warum sollten wir einen Blick für Dinge haben, die wir gar nicht brauchen bzw. die uns weder erfreuen noch einen sinnvollen Zweck erfüllen? Längst geht das neue Stück irgendwo unter, wird begraben, verlegt, nicht ausgepackt. Im schnellsten Fall landet alles in der Flohmarkt-kiste, im besten Fall vermachen wir es einer Freundin. Schade um die Sache, schade um das Geld und schade um den Platz! Nur der Einzelhandel weint solchen Produkten keine Träne nach, er lebt ja vom Loslassen seiner Ware! Und nach dem Zahlen sind auch Sie vergessen und bleiben einer von Millionen Kunden, die man erfolgreich anlo-cken konnte. In wie viele Fallen wollen Sie noch treten? Bitte aufwachen! Der Handel liebt nur Ihr Geld, Sie selbst sind doch ab dem Moment egal, in dem Sie den Bon in Händen halten bzw. das Umtauschrecht erloschen ist. Keine Sorge, dieses Gefühl wird Ihnen der Handel nie vermitteln, er belohnt Sie stattdessen mit Treuepunkten, wenn Sie wieder in die Falle treten. Köder gibt es zur Ge-nüge! Und wenn Sie an der Kasse auch noch »aufrunden, bitte« rufen, hat der Einkauf sogar noch eine moralische Komponente.

Wir alle kennen die Wut über unnötige Einkäufe. Un-sere Wut auf neue, unschuldige Platzschmarotzer, diese hässlichen Platzhalter, die – wie schon erwähnt – für etwas völlig anderes stehen: Partner! Freunde! Geselligkeit! Verbundenheit! Liebe! Muss natürlich nicht, tut's auch nicht, solange wir uns das nicht eingestehen. Wie schön wären die aufgezählten Wünsche in der Realität – sie ver-stopfen nicht das Außen, sie bereichern aber unser Inne-res.

Nun sind nicht alle Gegenstände totes »Irgendwas«. Natürlich verschönern, erleichtern, berühren, erreichen sie uns auch. Wenn wir lieben und Gefallen daran finden, etwas zu betrachten, was wir besitzen, dann erreicht uns das auf der inneren Ebene, und die steht jetzt im Mittelpunkt. Besonders wenn wir Dinge positiv mit dem Schenkenden verbinden oder wir uns etwas angeschafft haben, das einem echten Impuls entsprang oder auf das wir lange gespart hatten. Wenn Sie die Wahl haben: ein aufregendes Rendezvous, eine ausgiebige Wellnessbehandlung oder ein paar neue Prada-Pumps ... worauf fiele Ihre Wahl? Bitte antworten Sie schnell und aus dem Bauch heraus!

Was genau suchen Gegenstände bei uns, die herumstehen werden und deren Sinn und Zweck ganz schnell verblassen? Lassen Sie den Gast doch wieder gehen, indem Sie ihn verschenken, entsorgen oder verkaufen. Bitte nicht das schlechte Gewissen siegen lassen, wenn Sie feststellen, das eine neue Anschaffung die heimische »Verstopfung« vermehrt! Ein schlechtes Gewissen wird seine Macht verlieren, wenn Freiheit und Erleichterung an Einfluss gewinnen. Außerdem lernen Sie ja draus und werden alte Muster durchbrechen – ein Grund, warum Sie mein Buch in den Händen halten. Und was ist wichtiger: Sie oder ein Gegenstand? Für manche Erfahrungen und Einsichten zahlen wir alle irgendwann einen Preis, aber im Endeffekt war er es wert! Schütteln Sie Gedanken ab wie: »Oh, der arme Gegenstand wird erst geholt und nun schon wieder abgeschossen!« Ja, dann ist das eben so! Sie werden bald die Konsequenzen daraus ziehen und sich ein guter Schüler sein! Schließen Sie einen Kompromiss: für eine neue Sache müssen zwei alte gehen! Und bei Geschenken handeln Sie nicht anders: Nicht Tante Uschi richtet Ihr Zuhause ein. Nicht sie wohnt mit den Gegenständen, mit denen sie Sie beglücken will – Sie allein sind es, Sie allein und exklusiv! Umgeben Sie sich nur mit dem, was Sie erfreut! Ausschließlich! Diesen Anspruch sollten Sie zelebrieren und unangefochten formulieren: für sich selbst, für Ihre Umgebung, für Ihr Umfeld. Das Beste wollen, das Beste nehmen, das Beste geben! Gibt es Schlimmeres als Mittelmäßigkeit, wenn wir die Wahl haben, nach den Sternen zu greifen?

Lassen Sie sich Gutscheine für Erlebnisse schenken. Erlebnisse, nach denen das innere Wohlbefinden sehnt und dürstet. Besonders von jenen, die mit ihren Geschenken noch nie Ihren Geschmack getroffen haben. Oder einfach, weil Sie begriffen haben, dass äußeres Wachstum nur zu mehr Fülle, aber nicht zu mehr innerem Reichtum führt. Fülle beschreibt eher einen Zustand, Reichtum ein Gefühl. Wer den Satz auch umdrehen kann, hat nicht verstanden, was ich mit Reichtum und Fülle ausdrücken möchte.

Sie denken, Gegenstände haben keine Seele? Abgesehen vom Teddy aus Kindertagen haben sie das sicher nicht. Aber es gehen Energien von Dingen aus, besonders von alten Dingen oder von jenen, die bereits durch viele Hände gingen. Sehr feinfühlige Menschen spüren das oft stärker, als ihnen angenehm ist. Als hafte eben doch Beseeltes an manchen Dingen.

Wenn eine Tasse mehr als einen Sturz überlebt hat, ein Glas schon zweifach angestoßen und ein Korb im Begriff ist, sich langsam aufzulösen, warum sollte man die Dinge noch behalten wollen? Schmücken sie uns? Werten sie das Wohnen auf? Warum noch reparieren, wenn der Bruch immer bleiben wird, egal wie unsichtbar er nach der Schönheits-OP sein wird? Und mal ehrlich: Haben Sie Zeit für Reparaturen? Zeit ist kostbar! Wie lange wollen oder können wir eigentlich einen Nutzen aus Gegenständen ziehen? Irgendwann sind Mindesthaltbarkeitsdaten einfach überschritten. Gegenstände – sie schauen aus der Ecke zu uns rüber, verstauben in Kisten und tun niemandem einen Gefallen damit. Lassen Sie sie gehen! Keine Angst, es ist okay, es ist erlaubt. Noch mehr: Es tut so gut!

Im Leben ist alles im Wandel. Etwas anderes, etwas Neues darf nun an die Reihe kommen. Oder vielleicht ruhen Sie auch erst einmal aus und genießen den freien Platz, an dem der Atem wieder frei fließen kann. Und dann gehen Sie irgendwann wieder auf die Jagd. Wenn Sie wüssten, was da draußen alles auf Sie wartet – aber keine Sorge, es wird nicht alles auf einmal kommen, nur weil jetzt wieder Platz geschaffen wurde. Und noch ist es nicht leer genug um Sie herum, oder wie schnell spüren Sie Mangel und Leere? Sie hindern die Sachen und Menschen, die für Sie bestimmt sind, daran, zu kommen, weil es keinen Platz bei Ihnen gibt. Da wird man doch wütend, weil das, was wir nicht annähernd toll finden, für verstopfte und belegte Räume sorgt. Hinken Sie nicht immer hinterher. Die Zeit rast – wenn Sie ein Morgen wollen, dann kleben Sie nicht mehr am Gestern! Seien Sie dabei, wie sich *heute* die Welt verändert, wie sie sich entwickelt, wie auch Sie sich entwickeln, selbst wenn die Zeiger der Uhr manchmal Stunden zu überspringen scheinen, weil die Welt kein Tempolimit kennt. Wir können auch kein »Stopp-Schild« hochhalten, aber wir können lernen, unser eigenes Tempo zu finden. Entschleunigen Sie heute, was gestern stets beschleunigt wurde. Ob Sie kleine oder große Schritte gehen, ist unerheblich, solange Sie nicht stehen bleiben. Höchstens, um

mit Muße einen gerade wertvollen Augenblick zu genießen und zu verinnerlichen. Gut für die Seele!

Wie ist die Theorie doch einfach! In Ihrem Kopf sind
bereits Bilder, wie Sie jetzt gern wohnen und leben möchten. Wäre da nur nicht die Umsetzung! Wahrscheinlich
haben Sie es oft genug versucht. Wie sahen die Versuche
aus? Allein oder gemeinsam? In welcher Stimmung und
mit welchem Ziel? Aber was heißt schon *Versuch?* Man
tut es, oder man lässt es bleiben.

Ich höre oft von meinen Kunden: »Ich hab schon oft
begonnen, gesehen hat man nie etwas!« – Natürlich nicht,
denn lediglich einen von zwanzig Bechern gehen zu lassen, das fällt nicht auf. Und sich zwei Stunden mit einer
Schublade zu beschäftigen, aus der gerade mal zwei Stifte
im Müllsack landen, ist nicht einmal ein Tröpfchen auf
dem heißen Stein. Sie wollen Veränderungen? Sie wollen
sich befreien? Dann machen Sie das sichtbar! Welch verschenkte Zeit, zwei Stunden zu investieren, um am Ende
kein Ergebnis zu erzielen. Kein Wunder, wenn die Lust
am Weitermachen schwindet. Machen Sie es spürbar: Alles aus den verstopften Krimskramsschubladen fliegt jetzt
in einen Sack. Alles! Wenn genügend Säcke gefüllt sind,
kann man hier und da auch ein paar Möbel schieben. Und
am Ende werden die Säcke gesichtet. So werden nicht Ein-
zelteile aus vollen Schubladen gesucht, sondern Einzel-
teile werden in leere Schubladen zurückgelegt – ein him-
melweiter Unterschied! Möbel, die nicht niet- und nagel-
fest sind, werden einfach mal bewegt, dann ausgewischt
und abgestaubt. Denken Sie jedoch zuvor auch an die
Vorbereitungen: Musik auflegen, in gemütliche Wohlfühl-
kleidung schlüpfen und ran ans Eingemachte. Sie werden

auf Dinge stoßen, von denen Sie glauben, sie seien längst verschollen. Das weckt schon mal Begeisterung, aber verlieren Sie nicht Ihr Ziel aus den Augen. Bleiben Sie standhaft! Ihr Leben ging vorher auch *ohne* weiter! Ich bilde mir oft ein, wie ein Raum uns anlächelt, weil wir ihn uns ernsthaft zur Brust genommen haben, und weil wir uns um ihn kümmern wie schon lange nicht mehr. Oder sogar noch nie.

Vom Ansammeln und Anhäufen

Ich sah Horden von Trockensträußen, Tassen (Werbetassen, Motivtassen und jene von Kindern, die längst keine mehr sind), Schuhe, Taschen, Postkarten, Blumenvasen und und und … Von Gefallen war längst keine Rede mehr. Und weil das meiste eben nicht mehr gefiel, hatten ihre Besitzer bereits etwas Wertvolles losgelassen: Geschmack, Anspruch, Übersicht. Zwischen Anschaffung und Loslassen liegen alle denkbaren Zeitabstände, manchmal auch große Entwicklungsschritte und Veränderungsprozesse. Wir sind gewachsen und gereift, aber nicht die Gegenstände mit uns. Sie bleiben Relikte aus einer vergangenen Zeit. Wollen wir dort verhaftet bleiben oder endlich neugierig in das Morgen schwimmen? Ansichten, Gefühle, Haltungen und Geschmack verändern sich, am deutlichsten in Sachen Mode – doch endet hier bereits die Liste der Veränderungen? Lassen Sie Veränderungen weite Kreise ziehen. Wenn ich die Sammelleidenschaften meiner Kunden hinterfragt habe, standen ihnen viele Fragezeichen auf der Stirn, oder es gab ein Grunzen und abwechslungsreiche Erklärungsgeschichten, die allesamt doch eher nach Rechtfertigungen klangen. Nun lass ich mich zur Not auf Kompromisse ein, wenn es ums Loslassen geht, und so werden Trockensträuße fotografiert, oder es wird eine einzelne Knospe vom Strauß geschnitten und in einer Lebenskiste, der sogenannten »Schatztruhe des Lebens«, aufbewahrt, mitsamt der Geschichte dazu auf einem kleinen Zettel. Noch pfiffiger verhält es sich mit der Gestaltung von Fotobüchern, auf deren Seiten unzählige Geschichten und Fotos abgebildet sind. Diese Dinge nehmen keinen Platz mehr ein, und haben wir Lust, schauen wir sie uns an.

Ich mache immer wieder darauf aufmerksam, wie wichtig Frische, Leben, Duft, Klarheit, Schönheit und bei Bedarf auch Farben sind. Vertrocknete Blumen sind tote Blumen. Deutlicher kann man Verwesung kaum darstellen. Vorbei sind die 1980er Jahre, in denen Hausmütterchen Sträuße vertrocknen ließen, um damit Küchenoberschränke zu verzieren und mit Klarlack die Haltbarkeit einsprühten. Es wurden auch schon T-Shirts von Goldbommeln befreit, um das Shirt in irgendeiner Form zu erhalten. Oder es wurden Hochzeitsschärpen zerschnitten und daraus Puppenkleider genäht; auch wurde Textiles eingefärbt und hinter Bilderrahmen drapiert. Als Ganzes erinnerte manches Brautkleid im Keller nur an traurige Zeiten, an die Trennung, an zerbrochene Träume. Tassen wurden verschenkt oder endgültig in die Tonne geworfen, wenn sie »Stoßzeiten« hinter sich hatten. Also ein Gewinn auf allen Ebenen, auch wenn dabei mal Tränen flossen, aber Weinen befreit und kann Druck abbauen. Wer ein Ziel vor Augen hat, der darf auf seinem Weg dorthin gern Schweiß und Tränen lassen. Erfolg hat seinen Preis, man muss ihn sich erarbeiten. Und das ist gut und richtig so, denn sich selbst etwas zu erarbeiten, sich auf die Reise zu begeben, das ist unendlich wertvoll. Seine Grenzen kennenzulernen und sie zu meistern oder weiter zu stecken hat sehr viel mit Selbstwert zu tun.

Manchmal bitte ich meine Kunden, ihre Räume als »Showroom« zu betrachten, den sie potenziellen Kunden demonstrieren müssen. Was für eine schnelle Erfahrung, die Blickrichtung zu wechseln, und auf dem Weg zur Gestaltung wurde geschimpft, sinniert, gelacht. Gerade wenn wir Sachen aus der Jugendzeit entdeckten, in der man noch der unbeschwerte Teenager gewesen ist, der heimlich seinen Barbiepuppen schicke Kleider anzog, war klar, dass das nun Schnee von gestern ist. Wir legen ja Erinnerungen niemals ab; sie reisen mit uns mit, lassen sich nicht ausmisten, aber wir sind gewachsen und gereift, was wir auch leben und zeigen wollen. Kopfkinos lassen sich nicht ausschalten, aber wir lernen, sie nicht ständig laufen zu lassen. Vielleicht ist heute der Zeitpunkt gekommen, die Barbiepuppen an Kinder abzugeben und zu schauen, was das Hier und *Jetzt* für uns bereithält! Gestern war vorher! Vorher war gestern! Hätten wir nie Kind sein und uns nicht austoben dürfen, verhielte sich die Sache vielleicht anders.

Ich habe Mütter bei dem schmerzhaften Prozess erlebt, Dinge ihrer inzwischen erwachsenen Kinder loszulassen. Die ersten zwanzig Bücher, die ersten zehn Kinderschuhe, die ersten fünfzig Zeichnungen. Wenn es sich ergab, dass ich die Kinder an die Seite holen konnte, so kamen Statements wie: »Mami kann nicht loslassen. Wir aber brauchen das alles nicht mehr! Wir sind doch längst da rausgewachsen und erwachsen!«

Nun war es an mir, den Müttern die Augen zu öffnen. Sie waren zurückgereist in eine Zeit, auf die die Kinder heute keinen Wert mehr legen. Sie sind im Hier und Jetzt, setzen sich mit ihrer Gegenwart auseinander und bereiten ihre Zukunft vor. Die Kinder wuchsen über die Mutter hinaus, die auf einmal fehlte, weil sie sich mit ihren Kindern nicht mehr auf Augenhöhe befand. Da standen keine Kinderschuhe mehr im Flur, da tönten keine Kinderlieder mehr vom Ghettoblaster aus den Zimmern. Die Mutter aber schwelgte noch in jener Zeit, hatte keinen Blick auf Gegenwart und Zukunft, klebte zu sehr noch an den alten Tagen. Hielt an ihrer Rolle fest, in der sie gebraucht wurde, man von ihr abhängig war. Doch ihre Aufgabe geht weiter, obwohl die Nähe eine andere geworden ist. Heute fehlt den Kindern das Vorbild, der Austausch, die Reife der Mutter, die im Geiste die Kinder immer noch in ihrem Schoß wiegt. An wem sollen sich die Kinder aber heute messen? Mit wem sollen sie sich auseinandersetzen, wenn sich Eltern zurücksehnen, statt nach vorn zu schauen und sich auf die Zukunft zu freuen?

Wie gefällt Ihnen der Vorschlag einer Schatztruhe pro Kind bzw. pro Familienmitglied? Sie wird gefüllt, bis es diese berühmte Übergabe gibt, zum Beispiel mit Eintritt der Volljährigkeit. Und eines Tages beobachten die Mütter als Großmütter ihre Enkel, die diese Truhe nun erforschen; dann sind auch viele Plaudereien aus alten Nähkästchen gefragt! Und weil man sich darauf freuen kann, bleibt jetzt Zeit, mit den Kindern das Heute wieder zu teilen, sich auf eine neue Weise zu begegnen. Verlieren wir unsere Kinder niemals aus den Augen, egal, wie groß sie geworden sind! Aber achten wir darauf, aus ehemals betreuenden nun begleitende Beobachter zu werden.

Es gibt so viele Dinge, die unser Zuhause verstopfen. Manche Schubladen werden schon deshalb gar nicht mehr geöffnet, weil da Gefahren lauern: lästiges Chaos, Unnützes, Fülle, die einem entgegenkommen kann. Den Mutigen unter Ihnen rate ich: Augen zu und den kompletten Inhalt aus der Schublade direkt in einen blauen Sack! Oder denken Sie: »Wieso! Stört mich doch nicht, und bisher hat auch niemand gemeckert. Irgendwann brauch ich ganz sicher was daraus, und bis dahin muss ich da eh nicht ran!« Stopp! Gedankenfalle! So weit sind Sie schon, dass Panik und Rechtfertigungen aus Ihnen herausbrechen? Warum wollen Sie durch Beschönigung einen Gang zurückfahren? Es stört also nicht und ist gefahrenlos? Wegsehen heißt nicht *Wegdenken!* Und hier geht es gerade mal um Schubladen, durch die wir uns peu à peu den viel größeren Bergen nähern werden, nämlich den Räumen und auch dem Keller, der für das Unterbewusstsein stehen soll. Dann doch lieber erst einmal das kleine Schubladen-Unterbewusstsein aufmachen, oder nicht? Ich verspreche Ihnen aus der Ferne: das Ausmisten fühlt sich nerviger an, als es tatsächlich ist – außer, Sie befassen sich stundenlang mit Kugelschreibern, Feuerzeugen und Kabeln, die dort lagern, weil Sie sie irgendwann dort abgelegt haben. Irgendwann, wann genau, das wissen Sie nicht mehr. Wäre Zeit Geld, wie hoch wäre Ihr Stundenlohn? Was sind Ihre

Arbeit und Ihr jetziger Einsatz wohl wert? Was würde das Aussortieren einer Schublade wohl kosten?

Wir halten an Gegenständen fest, deren Anblick uns kaum noch erfreut. Der Trockenstrauß von Detlef, der kopfüber von der Decke hängt, angeleint an die Gardinenstange vorm Fenster – er drückt Tod, Vergänglichkeit, Abschied und Verwesung aus statt blühendes Leben und Gegenwart. Staubfänger statt Accessoire! Gestern war Detlef, heute ist Trockenstrauß? Schaut ihn überhaupt noch jemand an, den Strauß? Erinnerungen sind *in* uns, dort werden sie gemeinsam mit uns altern. Warum dann also die Vergangenheit im Zimmer aufhängen? Scheuen wir uns nicht sogar davor, die welken Blumen zu betrachten, weil sie uns sofort an eine Zeit erinnern, die wir nur schwer loslassen können, obwohl wir sie so gern vergessen möchten? Weg mit den Blumen!

Zur Erinnerung: Umgeben Sie sich mit Dingen, die Sie im Heute glücklich machen. Unglücklich im Gestern war gestern! Geborgenheit, Zuneigung, Liebe statt Stress, Zärtlichkeit statt Trauer und Gewalt. Selbstbewusstsein statt Unsicherheit. Fokussieren Sie das, was in Ihr Leben strömen soll. Gutes macht uns groß, das Gegenteil klein. Schönes zieht Schönes an und umgekehrt. So funktioniert das Gesetz der Anziehung, das ungeheure Kräfte entwickelt. Achten Sie genau darauf, was in Ihrem Resonanzfeld liegt und dort in Zukunft liegen soll! Achten Sie auf Ihre Gedanken und auf Ihre Worte, besonders jene, die Sie im stillen Dialog mit sich führen. Ihre Gedanken werden Ihr Schicksal sein. Ihr Leben bedient sich schließlich von der Festplatte, auf der Sie in jedem Augenblick abspeichern. Was passiert mit dem, was dort gespeichert wird? Rufen wir es auch mal auf und schauen es uns an? Haben wir den Mut, »delete« zu drücken?

Sie glauben nicht an meine Worte? Aber Sie glauben doch, dass etwas *nicht* geschieht, was sich ja auch bewahrheitet. Also ist es an der Zeit, zu testen, wie sehr unser Glaube Berge versetzen kann!

Ich sehe, womit Menschen sich umgeben! Und ich werde noch mehr sehen! Und ich werde weder wegsehen noch weghören! Die Gründe für das Sammeln, Horten, Halten und Jagen sind vielfältig, aber fast immer stecken eine Lebensgeschichte, ein einschneidendes Erlebnis, ein Trauma dahinter. Gegenstände geben Schutz und Geborgenheit, es werden emotionale Beziehungen zu ihnen aufgebaut. Ich denke hier an »Messies«, die über Gegenständliches Kompensationen suchen. Da es ihnen aber nicht gelingt, begehen einige – im allerschlimmsten Fall – Suizid, weil sie keinen Ausweg mehr aus der innerlichen und äußerlichen Hölle sehen, weil sie weder Hilfe rufen konnten noch wussten, wo sie zu finden war. Gescheiterte Leben sind traurig, weil doch jeder Mensch das gleiche Geschenk in Händen hält: das Wunder Leben! Und weil das Leben für jeden begrenzt ist, haben wir das Recht, nein die verdammte Pflicht uns gegenüber, das Beste rauszuholen aus dieser Zeit auf Zeit. Die Menschen umgeben sich im schlimmsten Fall nicht nur mit Gegenständen, sondern leider auch mit Staub, Schmutz, Unrat und Gestank, der sich auf dem Körper und im Raum verbreitet. Und er klebt sich fest! Eine Ansammlung von Lebenstagen, deren Wert sich längst verloren hat. Wer an Faulheit erkrankt ist, kann aufräumen, will es aber nicht. Wer am Messie-Syndrom leidet, will aufräumen, kann es jedoch nicht.

Bleiben wir bei der »harmloseren« Variante, die noch keine echte Lebensbedrohung darstellt. Noch nicht. Wer viel hat, der zieht viel an – neben Arbeit auch bisweilen Ungeziefer. Nippes stellt sich uns gerade beim Saubermachen hinderlich in den Weg. Wer greift mal eben schnell nach einem Lappen? Keine Lust, man muss zu viel zur Seite schieben. Keine Zeit. Überflüssiges, Unbrauchbares, Ungenutztes und Ungeliebtes sind keine Freunde. Feinde natürlich auch nicht, denn wir hatten ja die Wahl, sie als Mitbewohner bei uns aufzunehmen oder nicht. Somit sind sie unschuldig, denn sie haben ja auch nicht nach uns gegriffen, sondern wir haben nach ihnen gegriffen oder sie angenommen, weil wir nicht gelernt haben, abzulehnen und zu widerstehen. Sie tun uns nichts, zumindest vorerst nicht, bis – ja, bis sie sich irgendwie vermehren. Fülle sucht Fülle, wie wir wissen. Schlimm, wenn ein Anblick erst so nervt, dass man sich zwingen muss, nicht mehr hinzuschauen!

Was aus unserer Wohnung ist eigentlich Gekauftes, Geschenktes, Geliehenes und Aufbewahrtes? Wie verteilt sich das bei Ihnen in Prozenten? Haben auch Sie viel Geschenktes bei sich stehen, das Sie angenommen haben, aus Angst, dem Schenkenden wehzutun, wenn Sie es aus Nichtgefallen ablehnen würden? Jeder kennt diese Falle! Wenn Sie einen Gegenstand annehmen, den Sie nicht mögen, was würde dieser Gegenstand wohl sagen, wenn er sprechen könnte? Ein schlechtes Gewissen verschönert kein Zuhause! Entweder man übt mit der Zeit, ein »Danke« liebevoll, aber entschieden auszusprechen, oder man lässt das Geschenk einfach mal weiterwandern. Effektiver, aber schwerer umzusetzen: Man übt sich in Ehrlichkeit und lehnt liebevoll ab. Schenkende werden dadurch animiert, sich entweder mehr Gedanken um den Beschenkten zu machen oder mal genauer nachzufragen, bevor drauflosgekauft wird. Ich gebe aber zu, dass das Ablehnen eines Geschenks nur in ganz besonderen Fällen passieren darf. Das genauer zu erläutern, würde den Rahmen des Buches sprengen. Nur so viel dazu: Es gibt auch mit Bedacht Geschenktes oder Selbstgemachtes …

Blumen vertrocknen, Pflanzen gehen ein, Pralinen werden schlecht – alles hat ein Verfallsdatum. Sie setzen Schmutzspuren an, weisen Sprünge, Kratzer, Flecken und Risse auf. Wir kaufen Anti-Aging-Cremes, überpudern Narben und büßen doch bei Gegenständen unseren Anspruch ein? Deshalb komme ich immer wieder auf die Gutscheine zu sprechen, die auch Sie gern verschenken können, in liebevoller Verpackung – einfach für die innere Tankfüllung der Freunde und Bekannten. Und sich selbst könnten Sie doch auch mal einen Gutschein schenken. Schenken ist eine feinfühlige Sprache. Persönlich, individuell, bereichernd und erfreuend, doch mitunter eben auch enttäuschend, gerade, wenn eine Erwartungshaltung da ist.

Doppeltes und Abgelaufenes horten wir in Speise- und Vorratskammern, in Küchen- und Kühlschränken sowie im Bad. Ich höre die Aufschreie meiner Kunden: »Ach, hier ist das Ding! Was habe ich das überall gesucht!« – »Was ist denn das? Kenne ich nicht!« – »O nein, gerade davon habe ich schon drei!« – »Igitt, ist ja eklig! Weg damit!« Die Liste der Ohs und Ahs könnte beliebig lang fortgesetzt werden.

Schon phantastisch, wie viel einem entgehen kann, was ich beim Einsatz in nur kurzer Zeit aufspüre. Was macht nun ausgerechnet Küchenschränke so voll und unübersichtlich? Immer wieder wird nachgestopft, mutieren wir zu Hortenden und Türmchenbauern. Wenn die Vorräte nun wenigstens auch aufgebraucht würden, bevor sie ablaufen, aber nein: Es bringt ja so viel Spaß, durch den Supermarkt zu flanieren und die Wagen zu füllen. Zuhause wird dann eingelagert und vollgestopft. Vorrat auf Vorrat. Und weg ist sie, die Struktur, weil ja leider auch der Stauraum nicht größer wird. Kaufen war so schön, man kann ja auch nicht ewig widerstehen und immer nur Rücksicht auf vorhandene Vorräte nehmen. Danke an den Einzelhandel, danke an die Werbung überall. Danke an die Konsumgesellschaft. Schön, dass wir durch unsere Kaufkraft dazu beitragen, dass sich an all dem wohl auch nichts ändern wird.

Plündern Sie mal alle Vorräte, veranstalten Sie Kochshows mit Freunden. Laden Sie Familie und Nachbarn ein und zaubern Sie gemeinsam Mehr-Gänge-Menüs. Vielleicht bringt jeder Gast auch selbst noch Vorräte zum »Reste-Dinner« mit, oder Sie veranstalten monatlich ein Kochduell in wechselnder Location und in wechselnder Runde? Sie werden staunen, wie erfinderisch Sie werden! Und außerdem wird auch Geselligkeit dabei ganz groß geschrieben, wundervoll!

Ein Beispiel: Zwei Wochen Urlaub in einer Waldhütte. Wer diese Erfahrung macht, schenkt einem Mindesthaltbarkeitsdatum kaum noch Beachtung. Ich denke an den Film »taste the waste«, schauen Sie ihn sich an! Gehen Sie Ihre Kochbücher durch, misten Sie aus, kopieren Sie sich

Ihre Lieblingsrezepte heraus, schaffen Sie sich elegante Ordner an, heften Sie auch Favoriten Ihrer Freunde ab. Gestalten Sie Ihren eigenen einen Ordner, ausnahmslos Lieblingsspeisen auf einen Blick! Den Ausschuss lassen Sie los: verschenken, austauschen, aussetzen. Denn jetzt mal Hand aufs Herz – fischen Sie nicht auch immer öfter nach unbekannten Feinschmeckereien im virtuellen Küchennetz? Und für die Zukunft planen Sie gezielter Ihren Lebensmitteleinkauf. Halten Sie Notizen, Gedanken, spontane Eingebungen, Ideen und auch Einkaufszettel auf Ihrem Smartphone fest. Legen Sie sich hier einen besonderen Ordner an. In diesem Augenblick werden zig Tonnen an Lebensmitteln vernichtet. Und zig Menschen verhungern. »Und eines Tages werden sie wissen, dass man Geld nicht essen kann«, sagt eine alte Indianerweisheit.

An welchen Dingen hängen wir nun wirklich? Welche Dinge brauchen wir nicht mehr und welche sogar uns nicht mehr und könnten den Besitzer wechseln? Unser Zuhause sind wir! Die Bücher, die dort stehen, die Musik, die wir hören – das alles sorgt für die »Schubladen«, in die uns jemand steckt, wenn er uns besucht. In welche genau wir kommen, kann uns egal sein, solange wir authentisch bleiben und uns nicht verbiegen. Wir müssen uns unsere eigene Persönlichkeit und Individualität bewahren. Daher stören ja auch diese Mitbringsel von Tante Uschi so, weil die nicht wir sind, wenn wir sie nicht mögen. Sie stehen nur herum; sie werden weder gebraucht noch haben wir sie liebgewonnen. Und manchmal werden sie hervorgeholt, wenn Tante Uschi zu Besuch kommt. Gefällt uns das? Zur Erinnerung: Wir allein entscheiden, was und wer mit uns wohnt und für wen wir wertvollen Platz schaffen. Ja, Platz ist wertvoll!

Wandern wir mit allen Sinnen einmal ganz bewusst durch unsere Räume – was fällt uns immer wieder und was überhaupt nicht mehr auf? Was genau umgibt uns schon lange und was erst seit gestern? Was erfreut unseren Anblick, was erzeugt eher Bauchweh? Ab heute werden alle »egal / weiß nicht / stört nicht wirklich« verbannt! Ab heute bitte keine Kompromisse mehr, wir sind ja auch keiner! Sie wissen, wie sich ein »Ja« anfühlt – lernen Sie, Abstand von Halbherzigkeiten und Unsicherheiten zu nehmen – bezogen auf alle weiteren Lebensbereiche.

Gegenstände sind vergänglich. Sie gehen kaputt, werden unansehnlich, sind schon morgen out of trend. Wer schmückt seine Wände heute noch mit Bildern weinender Pierrots oder versteckt Kellerrohre hinter künstlichem Efeu? Gegenstände sind Gäste in unserem Leben. Wenn sie zu lange bleiben, wenn uns ihre Anwesenheit nervt, dürfen wir sie gehen lassen. Ein Abschied für immer, nicht mit Zwischenstopp im Keller.

Was könnte als Erstes gehen? Natürlich irreparable Gegenstände, denn sie blockieren den Energiefluss. Der Bruch im Spiegel stört uns nicht? Das Loch im Kissen wird noch umgedreht? Zur Erinnerung: Was wir nicht sehen, ist nicht weg! Vergessen Sie die blöde Weisheit »aus den Augen, aus dem Sinn« – für unsere Räume trifft das nicht zu. Jede Feng-Shui-Expertin könnte beweisen, wie sehr die Energie um Sie herum ins Stocken gerät, wenn Kaputtes Sie umgibt. Und das Loch im Kissen – gehen Sie auch mit Löchern in den Socken auf die Straße? Klar, bin ich auch schon – aber ich war jung und brauchte das Geld eher für Schminke als für das, was ohnehin niemand gleich sieht. Und doch fühlt es sich anders an, in sauberer, heiler, schicker Kleidung zu stecken. Ausgeleierte Schlüpfer – die allein schon anzuziehen ist eigentlich ein Greuel!

Altes und Trödel gingen oft durch viele Hände und marschierten durch viele Jahrzehnte; daher klebt auch sehr viel Energie an ihnen. Wie bereits erwähnt, können sehr feinfühlige Menschen diese Energie auch spüren. Wieder andere nehmen nur die schöne Hülle wahr. Ich habe es erlebt, wie die anfängliche Verliebtheit in das schöne Stück stärker war als der rational gerechtfertigte Anschaffungspreis. Und doch ging genau von diesem Gegenstand irgendwann ein Unwohlsein aus, das sich nicht mehr leugnen ließ. Und dann sollte, dann muss der Preis zur Nebensache werden, denn *wir* zahlen einen viel höheren dafür, es mit Dingen auszuhalten, die Unbehagen verursachen. Wir kennen das von Freunden und Bekannten. Sich von Gegenständen zu trennen, steht hier in keiner Relation dazu, aber mit Materiellem könnten wir das Nein-Sagen sehr gut üben. Nur jene, die sich nicht mehr von Menschen trennen können, weil man sich von ihnen trennte (Tod), hängen oft und besonders an ganz bestimmten Gegenständen des Verstorbenen. Deren emotionale Bedeutung übersteigt ihren materiellen Wert um ein Vielfaches. Sie dienen als Platzhalter für jene Menschen, für die Erinnerungen an sie und die Gefühle, die uns mit ihnen verbunden haben.

Psychologen sprechen davon, dass die sinnvollen und notwendigen Ablösungsprozesse leichterfallen, wenn wir uns in einer frühen Lebensphase (Kindheit) sicher und geschützt fühlen konnten.

Sehr gut möglich, dass uns das Außen nicht wirklich etwas antun kann, wenn im Innern ein starker, überzeugter, selbstbewusster Kern steckt, der sich auf das Sein verlässt, nicht auf das Haben. Wir kontrollieren und schützen uns besser. Wir verlassen uns dann ganz auf das, was wir sind, nicht auf das, was wir haben. Demzufolge kann hinter Fülle und Chaos schlicht ein Leidensweg stecken. Bitte haben Sie keine Angst, genauer hinzuschauen und zu hinterfragen – die Reise zu den Antworten ist spannend und wichtig, weil Sie es sich wert sein sollten. Nein – weil Sie es sich wert sind. Weil jeder es wert ist, das zu verstehen! Antworten und Erkenntnisse sind die Wege zu uns selbst. Zu dem, was wir wirklich sind. Bleiben wir uns niemals fremd!

Ich habe zwei Sätze im Kopf, die ich irgendwo mal aufgegabelt habe:

»Hätte ich noch länger ins Chaos geschaut, hätte das Chaos bald in mich geschaut!«

»Erst als das Chaos auch in *mich* schaute, konnte ich es nicht mehr ignorieren und ging es an.«

Es ist ein Schein. Ein übler Schein.

Es scheint, als lebten wir in Hülle und Fülle. Volle Räume, doch leere Herzen. Wir müssen die Fülle im Außen zur Fülle im Innern verwandeln. Und überhaupt – sind die Menschen wirklich reich, nur weil sie viel besitzen? Schulden scheinen zu boomen, weil man sich verschuldet für die vielen Dinge, die man benötigt, für das vermeintliche Wohlergehen. Wohlergehen durch Materielles? Wohlergehen mit Schulden? Vorsicht, Falle! Sie zahlen nicht nur mit Ihrem Geld – Sie zahlen auch mit Ihrer Lebensqualität und Ihrer Lebensfreude. Und das aufs Spiel setzen für ein immer mehr Außen?

Was treibt die Menschen dazu, sich mehr über das Haben als über das Sein zu definieren, ob freiwillig oder unfreiwillig, wissend oder unbewusst? In gewissen Kreisen zieht sich eher das Haben gegenseitig an. Auf dieser Ebene ist der Austausch so lange möglich, bis der Mantel der Oberflächlichkeit zu eng geworden ist und irgendjemand es langweilig findet. Spätestens wenn das Haben plötzlich kleiner wird oder gänzlich verschwindet, fliegt alles auf. Dann zählt das Sein!

Aber wer ist daran wirklich interessiert, wenn man sich davon doch nichts kaufen kann? Ich beneide diese Menschen nicht, deren Hardware bewundert wird und deren Software doch kaum einer kennt. Aufwachen tut weh. Und Blessuren verheilen immer nur so schnell oder so langsam, wie man bereit ist, alles loszulassen, was den inneren Reichtum nicht vermehrt, den Weg dorthin sogar erschwert. Um jeden Preis »dazuzugehören«? Wozu genau, zu was, zu wem? Den Glanz gibt's nur auf Bühnen; hinterm Vorhang sieht die Welt ganz anders aus. Sie tritt zutage, wenn die Rollen ausgespielt und die Masken vom Gesicht gezogen sind. Einsam ist, wer selbst ohne Maske nicht gesehen wird. Welchen Wert hat das Haben, wenn es nur aufmerksam machen, sich von bestimmten Gruppen abgrenzen und andere wiederum anziehen will – jene Menschen und Kreise, die lieber nach außen als im Innern leuchten? Vielleicht sieht es ja innen drin ziemlich dunkel aus? Erst wer durch Schicksalsschläge auf Distanz zum Außen gehen musste, hat erfahren, wie sich nur das in Beständigkeit bewährt, was sich im Sein vereint und nicht im

Haben. Ich weiß von einigen Kunden, wie groß die Angst ist, genau das eines Tages herausfinden zu müssen. Aber weil der Tag mit Sicherheit kommen wird, ist es besser, den heutigen zu genau diesem Tag zu machen. Irgendwann weicht auch die letzte Kruste der Oberflächlichkeit auf, und es erscheint, was sich darunter angesammelt hat: ein guter Kern – oder ein grausames Nichts.

Aber so weit wollen wir es gar nicht kommen lassen! Ich will Ihren Kern entdecken! Ihren guten Kern! Und ich will diesen guten Kern auch in Ihrer Wohnung wieder freilegen und sichtbar machen. »Frau Köpp, das Chaos, das bin ich gar nicht! Ich will das auch nicht haben. Und erst recht nicht sein!«

Leider ist die Scham vieler Menschen hoch, was den Leidensdruck natürlich noch erhöht, weil sie wissen, da draußen gibt es vielleicht Hilfspakete, aber sie trauen sich nicht, sie anzunehmen. Freunde? Manche haben keine, andere suchen auch hier nicht um Unterstützung oder haben es versucht, doch mit Vertrauten ist das so eine Sache, wie mir viele Kunden bestätigen. Ich habe bei einer engen Freundin selbst mal nicht lockergelassen, und nach zwei Jahren ging es endlich los. Heute hätte sie gern früher angefangen, weil sie das Ergebnis liebt. Damals hatte sie Angst, auch vor meinem Tempo. Hätte ich irgendwann lockergelassen, sie hätte von sich aus auch nie gewusst, wie der erste Schritt zu gehen ist. Ich dachte nie: »Muss sie doch selbst wissen, ist doch alt genug!« Ja, und nun? Da wäre ich dann beim Thema Freundschaft. Enge Freunde können manchmal sehr, sehr unbequem sein!

Männer! Viele Ehemänner von Kundinnen setzen liebend gern voraus, dass eine Frau doch Haus und Hof im Griff haben sollte, liegt ja schließlich in der Natur der Gene. Doch wer wird heute diesem alten Frauenbild noch gerecht? Und ist es überhaupt noch angebracht im Wandel der Zeit? Leben Männer denn noch ihre alten Tugenden? Frauen arbeiten wie Männer, versorgen nebenbei noch Kind und Haus. Freizeit? Kaum! Zwei meiner Kundinnen mussten unseren vereinbarten Termin wieder absagen, weil ihre Männer der Überzeugung waren, es müsse auch ohne fremde Hilfe gehen. Ging es aber nicht. Und muss es auch nicht, die Stärken und Vorlieben dieser Frauen lagen einfach woanders. Aber ich halte zu meinen Kunden, und so gab's Fernberatung für meine Damen, ein besserer Kompromiss war leider nicht möglich. Auch die Freundinnen meiner Kundinnen hatten deren Ehemänner bestärkt: »Einer fremden Frau Geld dafür zahlen, dass sie in deine Privatsphäre eindringt?« Am Ende haben diese Schwätzer nicht eine Minute Unterstützung geleistet, aber reden konnten sie und Vorhaltungen machen. Einige Freunde gewöhnen sich auch an den Zustand; ist ja nicht *ihr* Zuhause. Und einigen fehlt einfach auch die Empathie, die Angelegenheit liebevoll und wertfrei mit anzupacken, was aber die Voraussetzung dafür ist, um mit Menschen eng zu arbeiten.

Doch ob nun Unterstützung oder nicht, wichtig ist, dass der Loslassende nicht nur den ersten, sondern eben auch alle weiteren bis zum letzten Schritt aus freien Stücken macht! Es ist ein großer Unterschied, ob Sie selbst oder jemand anderer den vollen Müllsack in die Tonne werfen. Loslassen kann nur einer – der Betroffene! Die unerwartete Sorge über den Verlust und die aufkeimenden Zweifel erscheinen größer, wenn man sich den Taktstock für den letzten Akt aus der Hand nehmen lässt. Also bitte unbedingt und immer selbst Dirigent bleiben, um im Nachhinein niemanden zur Verantwortung ziehen zu können. Und vor allem, um dieses großartige Gefühl zu spüren, selbst entschieden und entscheidend Ballast abgeworfen zu haben!

Fazit: Männer, setzt bitte nicht voraus, dass jede Frau ein Händchen für Räume und Ordnung hat. Jede Frau hat ihre ganz eigenen Stärken. Daher loben Sie diese Stärken, und werten Sie nicht die Schwächen auf, die einer Frau sehr wohl bewusst sind. Außerdem: Wäre die Welt voller Bäcker, gäbe es keine Friseure. Wir brauchen einander, ist das nicht wundervoll? Jeder ist eine andere Farbe im kunterbunten Universum. Worin sind Sie besonders gut?

Zurück zum Chaos, das weit mehr anrichten kann als die Last, die einige beim Aufräumen und Ausmisten empfinden. Im schlimmsten Fall kann das Chaos isolieren! Ich habe Kunden, deren Freunde es aufgaben, ein Treffen zu vereinbaren, weil sie die Ausreden satthatten, dass es überall möglich wäre, nur nicht bei meinen Kunden zu Hause. Angeblich würde gerade saniert, die Wände würden gestrichen, die Klospülung ginge nicht usw. So lang die Liste der Ausreden auch sein kann, dem steht nur ein Umstand gegenüber, der – sobald er endlich angegangen und aufgelöst ist – alle Rechtfertigungen für immer vernichten kann. Diese Lügen- und Rechtfertigungsgerüste, die dazu führen können, plötzlich allein dazustehen. Und was passiert?

Das Chaos gewinnt an Wert und rückt in den Vordergrund, denn dort gibt es ja nichts anderes mehr. Das Chaos erscheint wertvoller als das eigene Befinden mit der Sehnsucht nach Nähe und Gemeinschaft. Ich als Freundin ließe mich nicht abwürgen, aber nicht jeder will sich aufdrängen, weil er überzeugt davon ist, dass der andere von sich aus kommen muss, wenn er etwas ändern will. Das sehe ich – speziell als Freundin – einfach anders, weil der »Betroffene« oft nicht mal mehr in der Lage ist, die Karten offen auf den Tisch zu legen und um Hilfe zu bitten. Freundschaft muss aushalten, wenn ich zum Guten »belästige«, weil der Mensch es mir wert ist, es zumindest immer wieder versucht zu haben. Im Umkehrschluss müsste ich mich ja auch immer wieder um etwas bemühen: mit der Situation umzugehen, in der meine Freundin steckt. Wegschauen zu lernen. Annehmen zu lernen. Annehmen, wie meine Freundin psychisch zum Wrack wird, obwohl ich weiß, dass das Ergebnis meiner Arbeit sie heilen würde.

Nach manch einem Einsatz habe ich darauf gedrängt, die alten Freunde wieder anzusprechen, zum Essen einzuladen und die eigene Geschichte zu erzählen. Mut wird belohnt, da bin ich sicher! Und sollte es niemand (mehr) geben, dann ist es an der Zeit, sich einen neuen Bekanntenkreis aufzubauen. Der Mensch ist nicht dafür gemacht, allein zu bleiben oder isoliert zu leben. Wie wäre es mit einem Rendezvous übers Internet? Oder einer Jahreskarte für das Fitnesstudio? Werden Sie aktiv und treffen Sie Menschen, die Freunde werden können, das ist Ihr schönster Lohn nach harter Arbeit! Sich verkriechen war gestern – sich zeigen ist heute, und zwar sich und seine Wohnung, und das ohne Rechtfertigungsanlass!

Und was meinen Sie, mit welchem Selbstwertgefühl Sie auf einmal vor die Tür treten können, weil hinter der Tür, die dann ins Schloss fällt, ein wunderschönes Zuhause auf Sie wartet, wenn Sie – vielleicht sogar mit einem anderen – an diesen Ort zurückkehren?

Unsere Räume – unsere Spiegel

Was machen Chaos und Fülle noch mit uns? Beides strengt an, mental und körperlich. Es wird Zeit, es sich endlich einfacher zu machen. Putschen wir uns auf und ziehen uns nicht weiter runter. Wir haben so viel Schönes verdient, nicht diesen Stress, der doch vermeidbar ist. Zeit ist kostbar und sollte sorgfältig genutzt werden. Keinesfalls aber damit, sich mit Lasten zu quälen. Dem Hin-und-her-Überlegen, wann man sich der großen Berge wohl nähert, dem Gerümpel, dem Staub.

Tun Sie es doch einfach jetzt! Zeit, die man für den äußeren statt den inneren Tank opfert, frisst zu viel Lebensqualität, wenn der Fokus nicht auf dem Erleben liegt. Schaffen Sie endlich die Belastungsberge ab und machen Sie es sich zu Hause richtig gemütlich. Tanken Sie an Ihrer eigenen Quelle, Ihrer bislang so vernachlässigten Basis auf! Untergehen, Eingraben und Verstecken war gestern! Es lebe das Leben! Aber das Leben ist nur so schön, wie Sie es sich machen und denken!

Erstes To-do: Die Einstellung über das Auf- und Wegräumen ändern, indem Sie beginnen, genau diese Arbeiten – zunächst gedanklich – zu lieben. Warum? Weil es immer produktiv ist, niemals kontraproduktiv, und weil es ohnehin gemacht werden muss. »Das Beste ist gerade gut genug für uns!« – und das Ergebnis soll das Beste sein! Werden Sie anspruchsvoll! Legen Sie Ihren Maßstab an alles, was Sie in Ihr Leben holen. An alles, was Sie anziehen und sich wünschen! Wie groß können Sie wünschen? Und nun betrachten Sie noch einmal alles, was Sie umgibt! Wer viel hat, hat viel Arbeit. Was haben Sie? Wissen Sie bereits, was Sie als Erstes loslassen werden? Was ist Ihnen dieser Dorn im Auge?

Schränke sind großartig. So viel Stauraum und so viel Versteck. Erlauben Sie mir einen kurzen Gang in Ihre Küche. Wenn wir einen Küchenschrank öffnen, in den wir immer nur hineinstopfen, fällt uns irgendwann mal alles entgegen, oder der Glasboden bricht durch. Man kann sich einmal ärgern, auch zweimal, aber beim dritten Mal kriegt die Wut Beine, dann reißen wir den Inhalt heraus, weil wir das Chaos satthaben! Ob das Chaos auch uns satthaben kann? Und dann? Break down! Und dann? Der eine stopft zurück, der Nächste mistet komplett aus, ein Dritter steht da, schreit und tobt und lässt viel angestaute Wut heraus. Habe ich noch was vergessen? Klar, die schönste Alternative: ausmisten, auswischen, Ordnung schaffen!

Räume sind voller Energie. Energie kann man fühlen, nicht nur bei Menschen. Außerdem sind Räume von Menschen gemacht, also sind sie auch von Anbeginn an weder leer noch ohne Energie. Jeder kennt Orte, an denen er sich wohlfühlt, losgelöst vom Ambiente und abgekoppelt vom eigenen Geschmack. Und umgekehrt muss ein in unseren

Augen geschmackvoll eingerichtetes Haus nicht unbedingt eine warme Ausstrahlung und eine spürbar positive Energie besitzen. In Chaos-Räumen ist neben Fülle auch Schmerz zu finden. Daher ist die Erkenntnis so wichtig, dass Lebensfreude, Harmonie, Ausgeglichenheit und Gesundheit in einem engen Kontext zu einem aufgeräumten und sauberen Zuhause stehen.

Nach all den Jahren ist es schwer für mich, Räume ohne Röntgenblick zu betreten, egal, wie lange ich mich darin aufhalten möchte. Ich sehe auch Praxen und Schaufenster mit anderen Augen. Fürs Wegsehen ist es zu spät bei mir! Meine Antennen sind ausgefahren, mein Seismograph ist auf Hochglanz poliert. Abschalten? Keine Chance. Ich entdecke, ich fange ein, ich scanne und erspähe Schönes, Unerwartetes, Ungewöhnliches, aber auch Abartiges, Kurioses und Unverständliches.

An Räumen kleben zweifelsfrei Geschichten. Erlebtes setzt Energie frei. Selbst wenn Besucher wieder gehen, bleibt auch von ihnen stets etwas zurück. Menschen sind Energiekörper. Worte und Taten können ganze Räume tapezieren. Darum sollten Räume auch regelmäßig geputzt werden. Und auf die Schnelle können wir mal alle Fenster öffnen und mit Löffeln auf Kochtöpfe schlagen, um »negative« Energien zu vertreiben. Wir können auch laut trommeln oder einen Feng-Shui-Experten konsultieren. Natürlich ist bereits der tägliche Hausputz wie saugen, wischen, sprühen, stoßlüften schon effektiv. Wer liebt sie nicht, die erste Nacht im frisch bezogenen Bett? Wir trotzen allen Umständen und betonen ein gutes Körpergefühl durchs tägliche Duschen. Wir säubern und erfrischen unseren Körper automatisch. Und was tun wir fürs gute

Wohngefühl? Das Zuhause ist auch eine Art Hülle, darf sie weniger von uns erwarten? Klar, da ist der angesammelte Ballast, um den wir eher herumputzen, statt ihn abzubauen. Wir verdrängen lieber, wie es darunter aussehen mag. Ballast! Eine einzige Anschaffung allein sorgt noch nicht für Chaos – es ist die Gesamtsumme aller Anschaffungen, die sich alle zur selben Zeit ein Dach über dem Kopf teilen müssen. Besonders wenn die Dinge hin und her wandern, weil wir weder Ordnungssysteme noch hilfreiche Strukturen eingerichtet haben. Wie auch, wenn es uns niemand je gezeigt hat?

Bei Gedanken an jene Menschen, die sich lieber abschotten und zurückziehen, ging ich oft davon aus, dass es bei ihnen zu Hause so schön sein muss, dass es einfach keinen besseren Ort der Welt für sie gibt. Das trifft auch manchmal zu, doch was ist mit dem Rest? Genau das Gegenteil war der Fall! Einige hausen nur, mit Wohnen hat das nichts zu tun. Und weil das Außen vernachlässigt wurde, passiert das Gleiche oft auch mit den Menschen. Das gilt natürlich nicht für jene, die sich an ihr Doppelleben gewöhnt haben, denen man aufgrund ihrer äußeren Erscheinung nicht ansehen kann, an welchem desolaten Ort sie sich so schön herausgeputzt haben.

Natürlich fühlen sie sich nicht vollkommen wohl, sie drehen sich im Hamsterrad. Und irgendwann ist es egal, bekommt ja ohnehin kein anderer mit, und sie selbst schauen auch nicht mehr hin, denn es löst nur Stress und Unbehagen aus. Dabei liegt ja gerade hier die Anstrengung: immer wieder wegzuschauen, Ignoranz und Blindheit aufrechtzuerhalten.

Viele Wohnungen habe ich betreten, die ich als still, leise, wenig beseelt empfand. Räume voller Traurigkeit und voller Einsamkeit. Und selbst darin bauen Bewohner noch einen Schutzwall auf, hinter dem sie sich verstecken. Vor dem Leben. Vor den Menschen. Vor Verletzungen, aber besonders vor sich selbst. Ihr Radius wird kleiner, sie werden passiv, oft hilft fernsehen.

Wenn ich in diesen Räumen mit den Menschen arbeite, gibt es erst einmal die Rituale: Musik anmachen und Kerzen anzünden. Eine Kerze erhellt einen Raum mehr als hundert Lampen und schenkt ihm Wärme und Gemütlichkeit. Man kann spüren, ob sich in einem Raum viele Menschen oder niemand aufhält. Menschen hinterlassen Spuren, seelische Fußabtritte. Ihr Atem, ihre Worte, selbst Gedanken sind pure Energie.

Sollte Ihnen dieser Zustand bekannt und vertraut vorkommen, drehen Sie heute einfach mal alle Geräte in der Wohnung voll auf. Durchbrechen Sie die Stille und füllen Sie den Raum mit positiven Gedanken, mit Musik, warmem Licht und Kerzen. Und vielleicht singen Sie vor sich hin oder führen laute Dialoge mit sich selbst. Zur Not läuft auch der Fernseher. Und weil viel Wärme uns guttut, bringen Sie doch heute mal die Heizung auf Hochtouren oder werfen den Kamin mal an! Dann setzen Sie sich auf den Boden und erden sich. Verbinden Sie sich mit dem Raum. Klar, zur Not kuscheln Sie sich in Decken aufs Sofa und lassen Raum und Vorhaben auf sich wirken. Nichts hetzt Sie. Entschleunigen Sie, es geht um *Ihr* großes Projekt.
Jeder Raum hat ein Thema, einen eigenen Charakter, und er sollte einen Zweck erfüllen. Für Sie! Erkennen und nehmen Sie das an, denn ein Zuhause ist nichts Selbstver-

ständliches. Räume allein machen noch kein Zuhause, wie Sie jetzt wissen. Sie kommen sich ein wenig albern vor, nicht wahr? Kinder sitzen auch viel auf dem Boden, und oft ganz intuitiv. Natürlich ist ein stiller Raum nicht völlig tot. Selbst ein neu errichtetes Haus ist nicht mehr wirklich neu und jungfräulich. Die Energien und Stimmungen jener, die das Haus erbaut haben, haften an ihm. Im Grunde also gibt es gar kein Nichts. Entweder klebt die Energie der Natur oder die Energie von Menschen an etwas. Und obwohl das so ist, empfinden wir eben manche Umgebungen als kalt und leer.

Es gibt Menschen, die haben einen inneren Seismographen für Tragödien, die sich in Räumen abgespielt haben. Kennen Sie die (negative) Geschichte eines Raumes, rate ich dringend zu einer (professionellen) *Reinigung!* Und in alten Häusern, in denen Generationen schon vor Ihnen lebten, wäre das für mich auch unabdingbar, noch bevor der erste Karton dort abgestellt wird. Vom Trommeln übers Räuchern, Einsetzen bestimmter Öle, von Lichtern und Gedankenarbeit ist ganz bestimmt auch für Sie etwas dabei. Eine Expertin wird Sie individuell beraten, aber auch das Internet liefert tolle Tipps und Alternativen. Auch wenn sich manche Realisten wundern und lauthals denken: »Was für 'n Quatsch!« Selbst diese Menschen kennen Begegnungen und spüren schnell, ob weitere Treffen erwünscht sind oder lieber nicht. Alles ist geleitet durch unsere innere Wahrnehmung! Abstreiten und Intoleranz sind also unangebracht!

Fällt es Ihnen eigentlich schwer oder leicht, Entscheidungen zu treffen? In der Tat eine komische Frage, weil der

Mensch tagtäglich eine Menge Entscheidungen fällen muss, unbewusst oder bewusst gesteuert. In jedem Augenblick. Aufstehen, liegen bleiben, Tee kochen, Licht anknipsen, Brötchen schmieren …

Würden Sie sich eher schuldig fühlen bei der Entscheidung, Dinge loszulassen, weil diese Sie entweder schon sehr lange oder eben erst sehr kurz begleiten? Sind Sie ein Bauch- oder ein Kopfmensch? Sind Sie gern das, was Sie sind? Oder sind Sie gut dosiert? Beim Loslassen ist das nicht unerheblich, weil es wichtig ist, ob man Geschenke, Urlaubserinnerungen, Erbstücke, Gegenstände aus der Kindheit und Dinge, auf die man ziemlich lange gespart hat, unterscheiden muss.

Am Ende macht es natürlich kaum einen Unterschied, das Ziel bleibt immer dasselbe: Reduktion. Der Gegenstand wird nicht mit Ihnen schimpfen, wenn Sie ihn entsorgen. Ein schlechtes Gewissen darf nicht länger dominieren. Und wie bereits erwähnt, es gibt zur Not auch tolle Kompromisse: ein Fotobuch anlegen mit jenen Stücken, die Sie gern noch mal betrachten möchten, aber mit denen Sie trotzdem nicht mehr leben wollen. Ich freue mich immer über Sachen, die losgelassen werden, ein neues Zuhause finden oder wirklich für immer entsorgt werden dürfen, weil sie schon so lange weder nutzten noch Freude spendeten oder ein schönes Zuhause unterstrichen.

Effiziente Affirmationen beim Ausmisten dienen als Futter für unsere Festplatte: »Es fühlt sich gut an! Ich befreie mich! Danke, dass du da warst. Ich lasse dich jetzt los, du darfst jetzt gehen!« Klingt, als sei jemand gestorben, oder? Ja, manchmal fühlt sich auch der Abschied von

Gegenständen wie ein kleiner Tod an, weil wir glauben, damit ebenso die Bilder, Geschichten und Gefühle loszulassen. Aber das ist so nicht wahr, auch wenn wir uns freier fühlen, wenn Belastendes aus unserem Umfeld schwindet. Und doch – wie wir den Menschen nach dem Tod sich selbst überlassen und in seiner neuen Form *sein* lassen, so tun wir das auch mit den Sachen. Als meine große Tochter klein war, haben wir abends gebetet, und es fühlte sich an, als legte ich ihr immer einen kleinen Segen mit ins Bettchen. Heute warte ich darauf, dass meine Kleinste so weit ist, dass wir kurze Tisch- und Nachtgebete sprechen können. Unser Gehirn ist eine Festplatte. Sie speichert alles, was Sie programmieren, manches auch unbewusst, weil es einschneidende Augenblicke und Erfahrungen sind. Wir mögen oberflächlich vergessen, aber unser Unterbewusstsein funktioniert da anders. In der Tiefe.

Wenn ich jeden Tag denke, *ich bin glücklich*, dann stellt sich auch der Bauch drauf ein. Dann fühlt es sich gut an, ich muss nur lang genug trainieren, besonders, wenn gerade das Gegenteil der Fall ist – aber so soll es ja nicht bleiben! Und wir wissen doch: Negatives zieht Negatives an und umgekehrt. Ich muss schöne Sätze auch nicht immer aussprechen. Gedanken sind für unser Gehirn schon laut genug. Wie waren die Programme der Vergangenheit? Denken Sie sich hinter manchen negativen Gedankenmustern einen Reset-Knopf, der alles löscht, was nicht mehr auf die neue Platte soll. Ihre Festplatte ist schließlich kein Müllschlucker mehr! Allerdings wissen wir auch, dass manches programmierte Leid sich erst auflösen kann, wenn wir es nicht länger verdrängen, sondern es uns bewusst machen.

Entscheidungen. Auch ich war mitunter schnell im Geist, aber lahm im Tun. Ein Beispiel: mit dem Rauchen aufhören. Irgendwann juckt es jeden Qualmer, aber die Entscheidung wird selten in diesem Moment getroffen. Aufschieben ist doch so viel einfacher. Scheinbar! Dann klebt ein weiterer Punkt auf der To-do-Liste, die ohnehin schon viel zu lang ist. Klare Jetzt-Entscheidungen auszusprechen ist für Veränderungen und Neuanfänge wichtig! Wie viel trauen Sie sich zu? Nehmen Sie endlich mal wieder Herausforderungen an, die unbequem und anstrengend erscheinen, denn daran wachsen wir, und mit uns reift und ändert sich auch unsere Haltung.

Außerdem – ich wiederhole gern – sind wir geübt im Entscheiden, allein schon, weil wir jeden Morgen neu entscheiden dürfen, einen weiteren Tag zu leben und zu gestalten. Wir stehen immer wieder auf, jeden Morgen neu. Und wir können jeden Tag zum besten Tag unseres Lebens machen. Wir haben die Freiheit, zu entscheiden, aufzustehen. Liegen bleiben ist nur Luxus, wenn wir ihn uns wirklich verdient haben und wenn wir ihn genießen können.

Unser Leben ist die Summe von Tagen, an denen wir erfahren und entschieden haben. Es ist das Ergebnis unseres Denkens, unseres Handelns und unseres Fühlens. In Bildern ausgedrückt: Als Kind sind wir ein kleiner Hügel, der noch einen langen Weg des Wachstums vor sich hat. Sind wir am Ende unseres Leben schließlich zu einem hohen, massiven Monument herangewachsen, darf es nicht sein, dass noch ein anderer Berg neben uns steht, der nicht ohne uns kann: der »Ballast-Berg«. Der Berg der Sorgen, des Kummers, der Ängste und der Zweifel. *Jetzt* ist es wichtig, diesen Berg häppchenweise abzubauen, damit wir eines Tages nicht zu ihm aufschauen müssen, weil er über uns hinausgewachsen ist. Und sind Sie bereits unter ihm begraben, sorgen Sie *jetzt* dafür, dass er Sie wenigstens nicht noch ersticken lässt! Solange Sie atmen, können Sie sich auch befreien! Entscheiden Sie sich nicht erst morgen für ein »Jetzt«!

»Wenn einer eine Reise tut, dann kann er was erzählen!« Matthias Claudius, dein Satz hat auch nach zweihundert Jahren nichts von seiner Gültigkeit verloren.

Ausmistaktionen sind kleine Reisen, durch Erinnerungen, durch Vergangenes und ganz bestimmt auch durch die Zukunft: »Werde ich das Teil morgen vermissen, wenn ich es heute entsorge?« Aber selbst wenn es morgen oder übermorgen so wäre – jener Tag wird dann ein *Heute* sein. Das heißt: Warum etwas aufschieben auf morgen, die Zeit bleibt nicht stehen, und das Morgen rückt schon näher! Emotionen kochen hoch, und Tränen schießen aus allen Kanälen. Freudentränen? Frusttränen? Wuttränen? Einmal alles Angestaute auszuweinen, auszuschreien, auslaufen zu lassen – wie befreiend und reinigend ist das, sofern wir überhaupt noch in der Lage sind zu weinen. Tränen zu unterdrücken, das hat weder etwas mit Stärke noch mit Coolness gemein, weil wir etwas zutiefst Menschliches verdrängen und somit unnatürlich kontrollieren lernen: die Fähigkeit, in passenden Momenten innersten Gefühlen freien Lauf zu lassen. Lernen wir doch lieber wieder, mehr Bauch und weniger Kopf zu sein. Für uns, nicht für andere!

Möbelrücken:
menschlich, räumlich,
therapeutisch

Nach dem Ausmisten werde ich Sie zum Bewegen motivieren. Bewegen Sie Ihre Möbel und ordnen Sie die Accessoires, die bleiben durften, neu an. Bewegen und verschieben Sie – Sie bewegen sich doch auch tagein, tagaus durch Ihren Alltag. Das Leben ist in keiner Sekunde dasselbe. Und das ist gut so! Nehmen Sie die Herausforderung an: weg aus der Starre, weg aus der Gewohnheit (ich meine nicht, schöne Rituale, die zur besonderen Gewohnheit werden und damit auch Sicherheit geben). Was die Wohnung reinigt, reinigt auch Sie! Die alte Ordnung und Zusammensetzung wird kräftig aus den Angeln gehoben. Sie werden feststellen, dass Ihre Möbel und Accessoires auch völlig anders wirken können. Sie sind mittendrin, im Wandlungsprozess für mehr Lebens- und Wohnqualität, der wahrscheinlich noch viel mehr bewegen und sich durch viele Bereiche Ihres Lebens ziehen wird!

Können Sie sich ein Versprechen abverlangen? Hören Sie nicht auf, ziehen Sie den Weg bis zur Zielgeraden durch. Bei einigen wird sie näherliegend erscheinen, bei anderen unendlich weit entfernt. Und werfen Sie auch keinen Blick auf Ihre Uhr, am besten gleich abnehmen. Sie haben eine Verabredung, mit sich selbst und Ihrem Zuhause – nichts und niemand darf Sie hetzen oder stören.

Die Zeit braucht heute keine Zeiger. Machen Sie Fotos, dokumentieren Sie Ihre Arbeiten, und gestalten Sie am Ende dieses Erinnerungsbuch – voller kleiner und großer Schritte der Veränderung. Wie es bis heute war, wissen Sie. Wie es morgen sein wird – ein Fragezeichen mit Überraschungs- und Erfolgseffekt, falls Sie Ihr Ziel noch nicht genau vor Augen haben. Und meinetwegen: Verschweigen Sie es Ihren Freunden, wenn Sie es sich allein zutrauen. Überraschen Sie sie doch einfach, wenn alles getan ist, und feiern Sie mit ihnen unbedingt das tolle Ergebnis! Ihr Ergebnis!

Sich trauen. Sich zutrauen. Sich vertrauen – es zu schaffen! Ich erwarte nichts Unmögliches von Ihnen! Sie sind nicht die Erste und werden nicht die Letzte sein, die in die Tiefen ihres Wohnraums abtaucht – im Gegenteil! Und es wird immer jene geben, die auch ihr Ziel erreichen, genauso wie jene, die aufgeben, weil sie genau das im Leben ohnehin immer getan haben. *Zutrauen!* Sie sind wertvoll, und Ihr Leben wartet auf Klarheit und Ordnung! Freuen Sie sich auf das Leben, wie es sich anfühlt, wenn der äußere Reichtum endlich Platz macht für den inneren Reichtum. Was außerhalb der Wohnung liegt, bleibt eine Überraschung. Aber hier, in Ihren Räumen, bekommen Sie den besten Vorgeschmack darauf!

Alles schreit und sehnt sich in Ihnen nach Veränderung. Zollen Sie diesem Gefühl den höchsten Respekt! Sie wollen und brauchen Ent-Lastung! Struktur! Ideen! Schenken Sie dem Schönen in Ihrem Leben mehr Zeit und Aufmerksamkeit, das Chaos wird sich auflösen und nicht länger eine beherrschende Stellung in Raum, Leben, Alltag einnehmen. Vorbei, dass sich zu vieles nur noch darum drehte. Chaos und Fülle werden keinen Platz mehr haben, Ihnen keine wertvollen Nerven mehr rauben.

Sie überlegen schon, wann der richtige Tag für die Ausmist- und Umräumaktion sein könnte? Natürlich ist es jeder Tag, keiner ist falsch. Überlegen Sie – Sie fänden auch Platz für ein Date, wenn Sie sich heute noch verliebten! Schieben Sie jetzt nichts mehr vor, lassen Sie nichts anderes wichtiger sein als das, was jetzt geschehen soll! Außerdem könnten wir auch sagen: Warten Sie nicht auf den perfekten Augenblick, sondern machen Sie den Augenblick perfekt!

Jeder Zeitpunkt ist der beste, wenn es um Ihr Wohlergehen geht! Sich mit Unwohlsein abzugeben soll keine Alternative mehr sein! Wählen Sie den Zeitpunkt fürs Loslassen eher spontan und aus dem Bauch heraus, oder benötigen Sie Vorlaufzeit und Vorbereitung? Oder stecken Sie schon mittendrin? Was war der Auslöser, der Anstoß? War der Wunsch nach Veränderung so groß, dass Sie am liebsten sofort angefangen hätten? Oder war es ein besonderer Augenblick, eine Begegnung, eine Reaktion aus dem Bekanntenkreis? Schauen Sie nicht länger weg, erheben Sie sich über das Chaos, schenken Sie sich selbst wieder mehr Bedeutung als der Fülle, die Sie umgibt. Nur einmal soll die Fülle noch im Mittelpunkt stehen – wenn Sie sie betrachten und angehen! Ja, Sie schaffen das! Am Ende sind Sie stärker, noch viel stärker, mächtiger und einflussreicher als das Chaos zuvor. Alle meine Kunden hatten einen Anlass, mich zu rufen: die neue Liebe, die Suche nach einem neuen Partner, ein Umzug, eine Trennung, der Tod, die Distanz zum Partner, die Wut über den

Kaufzwang, der Wunsch nach Neuorientierung, die Langeweile, fehlende Ordnung oder einfach nur Ideenlosigkeit. Manche Wohnung wurde immer voller, während ihre Bewohner immer leerer und unglücklicher wurden – zu Hause! An dem Ort, an dem sie sich nicht willkommen geheißen fühlten. Wo war der Platz, an dem sie gern verweilen wollten? Wenn es ihn nicht gab, mussten wir ihn schaffen. Nach außen wahrten einige Kunden noch ein anderes Gesicht: aufgeräumt, klar, strukturiert, besonders im Berufsalltag. Mit der Person hinter der Wohnungstür hatte das kaum etwas gemeinsam. Es gibt so viele Umstände, die nach Veränderung, nach Loslassen und Neuanfang schreien. Natürlich mistet man nicht gleich nach jeder Wende sein Leben und sein Häuschen aus. Die einen fliegen erst mal in den Urlaub, die anderen lenken sich ab durch Feiern, Flirten, Saufen, gehen zum Friseur oder suchen einen Typberater auf. Manche buchen eine Therapie oder ein Coaching, andere fallen in ein Loch, hängen sich ein Schild um den Hals: »Vom Weltschmerz befallen« und leiden unter emotionalen und körperlichen Lähmungen. Im unmittelbaren Umfeld, nämlich in der eigenen Wohnung Veränderungen vorzunehmen, der Gedanke kommt nicht gleich. Wenn doch nur alle schon vorher wüssten, wie viel Kraft dieser Prozess der wohnlichen Veränderung gibt.

Warum eine Wohnung in dem Zustand ist, in dem ich sie oft vorfinde, habe ich genug erklärt bekommen. Aber ich glaube, dass es die Menschen oft angestrengt hat, hier und da immer wieder dieselbe Litanei von sich zu geben, so dass sie sich irgendwann nicht mehr zeigen und erklären wollten und die Haustür anderen Menschen verschlossen blieb. Manchmal hörte ich auch deutlich Schuldzuweisungen: »Als mein Mann weg war ..., meine Kinder sind die Chaoten ..., meine Mutter ist gestorben ..., ich verlor meinen Job ...« Alles Umstände, für die auch ich Mitgefühl habe. Doch Erklärungen werden nichts ändern! Alle hatten etwas und jemanden, dem sie Verantwortung und Schuld in die Schuhe schieben konnten, außer eben sich selbst. Sie waren also Opfer und mussten diese Rolle (eher eine Haltung) zulassen. Auch wieder etwas, woran wir unseren *Wert* erkennen können. Wir beschützen und schützen uns nicht genügend, aber allein die Erkenntnis kann Schwäche in Stärke wandeln. Und auf Erkenntnis folgt im besten Fall dann die Handlung. Zu unseren Gunsten, in unserem Interesse. Schluss mit den Marionettenspielchen. Wir allein führen uns, niemand sollte uns an Strippen tanzen lassen und uns führen. Wir allein tragen die Verantwortung für uns und unseren Zustand.

Schwerwiegende Erkenntnis? Leichter schien es, immer einen Schuldigen zu finden, weil ja meistens einer da war, den wir dazu machen konnten. Schuldzuweisungen stürzen uns in Abhängigkeit: Habe aber ich die Schuld, trage auch ich allein die Verantwortung, dann könnte ich von mir aus etwas ändern, mit den Fäden in der Hand. Ich habe mein Gemüt im Griff, nicht der andere. Ich kann es ändern und kann handeln. Aber der andere? Gern mache ich einen Fehler, denn ich könnte mit Einsehen und einer aufrichtigen Entschuldigung wieder für Frieden und Klarheit sorgen. Mir wäre es zu anstrengend, müsste ich vom anderen und dessen Einsicht zum Einlenken abhängig sein. Ich warte nicht gern, weil mir Warten einfach zu passiv ist. Ich handle lieber gleich so, dass es mir und anderen gutgeht. Ich will einfach gern dazu beitragen und dafür sorgen, das Leben eines anderen zu verschönern und nicht zu zerstören.

An jenen Tagen, an denen einem die Lust auf alles vergangen ist und man sich selbst und sein Umfeld kaum ertragen kann, ihm keine Aufmerksamkeit mehr zollen will, da zahlt es sich aus, nicht von zu vielen Dingen umzingelt zu sein, sich in einem Raum mit nur einem Sessel einfach mal gehenzulassen, weil man nicht mehr braucht. Abschalten, nicht abgelenkt sein, ein gutes Buch zur Hand nehmen, bei entspannter Musik meditieren, sich nur auf sich selbst konzentrieren, einfach ganz allein mit sich sein. Chaos kann da kaum entstehen, außer in unserem Kopf. In vollen Räumen ist das schwieriger, da vieles von A nach B wandern kann. Chaos entsteht, wenn Fülle da ist, die sich verteilt, aus der neue kleine Berge entstehen, die wiederum auch wieder umverteilt und erneut wandern werden, weil sie vergeblich darauf warten, ihren Platz zu finden. Spätestens wenn wir etwas suchen, das wir nicht finden können, kündigt sich Verzweiflung an. Dabei hätten zumindest schon Ablagesysteme Rettungsanker sein können.

Ziel sollte es sein, endlich finden zu können, ohne suchen zu müssen. Wie viele rennen weg vor ihrer Wohn- und Lebenssituation, flüchten sich in andere Dinge: Alkohol, Joggen, neue Frisur, neues Styling. Wir sehnen uns vielleicht danach, ein anderer Mensch zu werden, in unserer Haut zu stecken macht nicht glücklich. Doch wir können noch so sehr an unserer Hülle herumdoktern, nackt erinnert uns nur noch der Kurzhaarschnitt an die Veränderung. Und wieder war es der berühmte Kick für einen Augenblick. Verändern wir aber unser Zuhause, erleben wir viele Kicks, die nachhaltig und anhaltend sein können, während wir eine neue Frisur nach einiger Zeit eben nur noch dann wahrnehmen, wenn wir in den Spiegel schauen.

Pro und kontra Überfüllung

Das Zuhause fühlt sich jeden Tag gut an, es umgibt uns, wir sehen und fühlen es. Es ist einzigartig, individuell, authentisch, vollkommen und echt, gern auch liebevoll und aufgeräumt und strahlt einen Hauch von Mystik aus. Mögliche neue Synonyme für Ihr Zuhause: Tempel, Abenteuerland, Luxuszelle, Chill-Nest – finden Sie noch weitere Bezeichnungen, die Ihr neues Umfeld beschreiben könnten?

Zurück zu jenen Tagen, an denen wir null Bock auf gar nichts haben. Wenn aus diesen Tagen Wochen werden, verbrennen wir langsam, es kommt ja auch kein Nachschub für den Tank. Welchen besseren Grund könnten wir finden, um uns psychologische Unterstützung zu suchen? Es geht nur um diesen einen Tipping-Point, diesen Umkehrpunkt, an dem wir es schaffen, das Ruder herumzureißen und zum Hörer zu greifen. Scheitern ist, wenn wir stagnieren. Schamgefühl steht nicht für Scheitern. Gäbe es sonst Therapeuten und Coaches, Impulsgeber und Inspirationsquellen, wenn nicht zunehmend Menschen in der Arbeit mit ihnen Sinn und Hoffnung sähen? Mit ihrer Hilfe wandeln viele Menschen endlich Schwächen in Stärken um. Bei dem Begriff »Therapie« fallen immer noch Assoziationen wie »kranke Seele«, aber warum? Therapeuten sind keine Ärzte, oft aber Heiler auf einfacher Ebene. Doch ständig Drogen gegen Depressionen kriegen? Depressionen sind keine Pickel, Depressionen weisen doch viel eher auf eine »erkrankte« Seele hin, die endlich Ruhe und Klarheit braucht. Und warum nun vor der Therapie die Wohnkosmetik? Weil man in der Regel nur einmal in der Woche zur Therapiestunde läuft, aber zweimal am Tag in sein Zuhause. Jeden Tag freudig nach Hause zu kommen und zusätzlich zur Therapie zu gehen – das könnte ein tolles Zusammenspiel für Genesung und Zufriedenheit sein. Ausmisten allein ist bereits eine Kurztherapie, die man jederzeit beginnen kann, ohne sich in die Karten schauen zu lassen. Mit kaum etwas Vergleichbarem werden wir so schnell beeindruckende optische Erfolge erzielen, die unseren Gemütszustand positiv verändern. Damit dieser Erfolg auch auf lange Sicht erhalten bleibt, wäre eine professionelle Auseinandersetzung mit dem Thema »Ursache von Fülle und Festhalten« hilfreich.

Wer »abspeckt« in den eigenen vier Wänden, speckt auch persönlichen Ballast ab. Warum nicht einen Vergleich zum Fasten ziehen: diese Tiefenreinigung, diese Säuberung der Innenausstattung, diese Ausspülung aller Schad- und Giftstoffe, gegen die das abendliche Abschminkritual wie ein unauffälliges Prozedere wirkt. Und wie gut das Ihren Räumen täte, in denen Sie sich ja bewegen, ist einsichtig.

Ahnen Sie, wie viel Krümel, Staub und Spinnengewebe in Ecken lauern und sich stetig vermehren? Und was sich alles schon in Teppich und Boden gefressen und dort Spuren hinterlassen hat? Krönender Abschluss nach Saugen und Wischen wäre ein neuer Farbanstrich, der den vergilbten, kahlen oder langweiligen Wänden an den Kragen geht. Wie ein frisches Make-up, das auch die unruhige Wischtechnik der 1990er Jahre verbannen wird. Und erst der Duft! Ich selbst liebe den Geruch frisch gestrichener Wände. Falls Sie sich nicht für neue Farbe entscheiden, dann vielleicht für ganz besondere Tapeten, mit denen man wunderschöne Akzente setzen und Wände, Bilderrahmen und Türen aufpeppen kann, auch als Ersatz für Bilder oder Spiegel. Was meinen Sie, wie viel Spaß eine Typberatung für die Wohnung macht! Kleiden Sie Ihre Wände neu ein, und ganz gleich, ob Sie sich fürs kleine Schwarze, fürs lange Graue oder sexy Pinke entscheiden – das Ergebnis wird sich lohnen, das verspreche ich!

Sie haben sich mit dem auseinandergesetzt, was Sie umgibt. Mit dem, was Sie behalten, und mit dem, was Sie gehen lassen wollen. Kennen Sie die Freude und die Erleichterung, wenn hier und da mal was herunterfällt? Unfreiwilliges Loslassen, manchmal eine hilfreiche Fügung! Erst die Wut, im Nachhinein die Erleichterung: Das kennen wir wohl alle! Nun können wir natürlich nicht warten, bis der halbe Hausstand zerbricht – *Sie* müssen und dürfen die Sache nun selbst in die Hand nehmen und lernen zu entscheiden. Trauen Sie sich das jetzt zu, es gibt ja nur das »Ja« oder »Nein«. Vergessen Sie das »Aber« und »Vielleicht«, nur klare Antworten sind klare Richtungen, die

Sie nach vorn bringen! Haben Sie auch Kisten für »mal sehen«, werden diese am Ende voll sein – und Ihr Ziel rückt schnell in weite Ferne.

Unser Zuhause begleitet uns jeden Tag. Und an manchen Tagen sogar 24 Stunden lang, wenn wir Lust haben, den Tag daheim zu verbringen. Von Freunden und Bekannten können wir pausieren; wir entscheiden, wann wir sie treffen wollen. Zeit ist zu kostbar, um sie zu vergeuden. Unser Zuhause ist jeden Tag für uns da und erwartet uns. Ist Zeuge unseres Handelns und Denkens. Und es läuft nicht weg, es schreit uns nicht an, es trennt sich nicht von uns. Allein diese Tatsache sollte die Beziehung zwischen Bewohner und Wohnraum verstärken. Daher sollten wir einfach gut mit unseren Räumen umgehen, unsere Räume brauchen Liebe, Achtung, Pflege. Spüren Sie, wonach Ihre Räume verlangen könnten, woran es mangelt und wo etwas fehlt? Warum benutzen Sie den einen Raum viel öfter als den anderen? Jeden Monat zahlen Sie Miete für jeden Quadratmeter, nutzen Sie daher auch die volle Fläche aus. Wollen Sie weiterhin Platz und Geld verschwenden oder genau das endlich ändern? Wenn nicht, grämen Sie sich nicht, dann entscheiden Sie auch das. Und dann legen Sie das Buch jetzt einfach beiseite. Im anderen Fall lesen Sie weiter, nehmen meine Tipps vielleicht auch an, zum Beispiel das Vermieten von überflüssigem Wohnraum. Möglichkeiten und Kontakte in diese Richtungen finden Sie zur Genüge im Internet.

Ist Ihnen Ihre kleine Küche lieber als die große Stube, dann kommt es wohl auch Ihnen weniger auf Größe an. Daher wiederhole ich die Frage: Was fehlt jenem Raum, in dem Sie sich weniger gern aufhalten? Wenn eine Vermietung für Sie nicht in Frage kommt, dann bleibt doch nur die Möglichkeit, sich endlich wieder auszubreiten. Schaffen Sie Themenräume und vergrößern Sie Ihren Bewegungsradius! Verwandeln Sie Ihr Bad in eine Wellnessoase, Ihren Flur in eine Galerie, Ihre Besenkammer in eine Kleiderkammer und gestalten Sie aus Loggia oder Balkon ein Outdoor-Refugium.

Nach Ihrem Einzug in die Wohnung haben Sie Möbel und Accessoires einfach nur abgestellt? Sie wussten lediglich, in welchen Raum was kommt, eben so, wie es in der vorigen Wohnung auch war. Doch was im Alten harmonierte, muss fürs Neue nicht zwangsweise zutreffen. Anfangs ist man nur damit beschäftigt, sich einzuleben, im Neuen anzukommen, den Wechsel zu verdauen. Sobald endlich Ruhe einkehrt, spürt man vielleicht eine »Disharmonie«, deren Ursachen man auf den Grund gehen will. Man kann sich da richtig hineinsteigern, bis sich Wohnlust in Raumfrust verwandelt. Schnell ist sie wieder da, die Sehnsucht nach dem Alten, und man möchte den Umzug gern wieder rückgängig machen.

Wenn man so wenig im Hier und Jetzt angekommen ist, dass keine Freude für das Neue aufkeimt, weil man es wiederholt mit dem Alten vergleicht, muss man handeln, denn der Umzug ist jetzt abgeschlossen! Wer also nicht handelt, lässt kostbaren Wohnraum verwaisen und büßt das Gefühl von Zuhause und Ankommen ein. Wäre die Wohnung ein Körper, stürben einige Gliedmaßen ab, weil sie nicht beansprucht werden. Wollen Sie sich immer wieder nur außer Haus mit anderen Menschen treffen, statt Wohlbehagen und Gemütlichkeit an der eigenen Basis zu schaffen? Unterstützung ist keine Mangelware. Holen Sie sich den kritischen und kreativen Blick, holen Sie sich Inspirationen von außen.

Eine Frage muss ich hier auch stellen. Sie erinnert mich an einen Einsatz, zu dem ich gerufen wurde und bei dem ich zum ersten Mal nichts zum Verändern und Verschönern gefunden habe, obwohl die Ansage war: »Frau Köpp, ich hasse mein Zuhause!« Liegt Ihr wohnliches Unbehagen wirklich im Außen, oder liegt es in Ihnen verborgen? Wie auch immer Sie zum Ziel gelangen, am Ende soll es ein »Ja« zu Ihrem Zuhause sein. Sie sollen sich identifizieren mit Ihren Räumen. Voller Stolz und aus voller Überzeugung sollen Sie sagen: DAS ist mein Zuhause. DAS bin ich. Herzlich willkommen bei mir!

Also, Haltung ändern und los geht's: ausmisten, was nicht in Ihre (neue) Wohnung gehört und damit nicht mehr zu Ihnen. Stellen Sie um, verrücken Sie, beschränken Sie sich auf die absoluten Lieblingsstücke – denn sie sind es, die sowohl zur optischen als auch zur gefühlten Gemütlichkeit und Behaglichkeit beitragen. Ich unterstreiche noch einmal: LIEBLINGSSTÜCKE!

Bleibt der Inhalt Ihrer Wohnung überschaubar, fühlen Sie nicht nur in Ihren Räumen Übersicht und Leichtigkeit. Sie gewinnen endlich wieder Überblick, sind Herr über Ihr kleines Wohnimperium! Die favorisierte Entschuldigungsfloskel des Chaoten, wenn man ihn – auch noch spontan – besucht: »Äh, was machst du denn hier? Ich … wollte gerade aufräumen! Schau dich bloß nicht um! Ich hatte gerade erst Flohmarkt, und die Handwerker waren auch noch da.« Immerhin machen Sie die Tür kurz auf oder führen einen Dialog durch Ihre Sprechanlage.

Ich habe viele Kunden, die deutlich geäußert haben, wie belastend diese Ausreden geworden sind, aber dass es für sie seit langem unmöglich ist, Besuch gebührend zu empfangen. Und dabei sei früher alles ganz anders gewesen; früher, als der Mann noch da und das Haus noch groß gewesen sei … Ich weiß von einer Kundin, die sich sogar hinter der Gardine versteckte, wenn es klingelte. Sie ersehnte nichts mehr als Gesellschaft, aber sie konnte niemanden bei sich empfangen. *Das* tut der Seele nicht gut, das tut weh. Auf Dauer muss sich das ändern. Doch wie lange ist »auf Dauer« und wann genau ist »auf Dauer«? Welchen ernsthaften Schaden nehmen wir wohl, wenn wir das Gegenteil dessen leben, was wir uns eigentlich wünschen?

Ich behaupte, aufräumen allein bringt langfristig keinen Erfolg, sondern allenfalls kurzfristig. Effektiv ist nur das Ausmisten, auch wenn das Aufräumen manchmal schneller geht. Aber selbst wenn Sie sich zunächst dem Letzteren widmen, dann frage ich Sie: Was machte das Aufräumen für Sie bisher so lästig? Fehlten die Ordnungssysteme? Durch meine Tätigkeit kann ich sehr gut nachvollziehen, dass wirklich *alles* irgendwann zur Last werden, dass es als Schwere empfunden werden und dass man dessen überdrüssig werden kann. Und ich würde lügen, wenn ich behauptete, ich selbst sei vollkommen frei von solchen Anwandlungen. Nein, allein das Wissen um meinen Arbeitsspeicher im PC lässt mich erschaudern. Ich lösche sofort, was erledigt oder unwichtig ist. Spams und Werbemails? Delete! Meine Termine fressen viel Zeit, und ich musste lernen, Prioritäten zu setzen. Aber ich wollte verdammt noch mal, dass auch das Löschen alter E-Mails zu meinen »To-dos« gehört! Und Sie? Räumen Sie auch nur hinterher, was nicht sofort nach Gebrauch wieder verstaut wurde? Ein Teufelskreis: Aus Bequemlichkeit lassen wir Dinge liegen, und am nächsten Tag müssen wir die doppelte oder am übernächsten Tag die dreifache Menge wegräumen. Ich persönlich wäre viel zu faul dazu!

Ich wiederhole: Wer viel hat, hat viel Arbeit, und beides wächst mit zunehmender Familiengröße. Misten Sie gemeinsam aus, aber nehmen Sie es locker, machen Sie sich einen Spaß daraus, ausmisten darf nicht mit Stress verbunden werden, wenn Kinder dabei sind. Gerade sie sollen sich später daran erinnern, wie gut es allen tat, einfach weniger zu haben. Und: Dass es gar nicht so schwer ist, das Loslassen! Natürlich gibt es bei Familien mehr Zimmer, mehr Geschirr, mehr Kleidung. Aber kann das »Mehr« eine Rechtfertigung für Chaos sein? Nicht, wenn es Regeln und Strukturen für alle gibt, die den Alltag enorm erleichtern. Natürlich schleppen Kinder hier und da mal Sachen an und bekommen neue Wünsche erfüllt, und leider lassen sie nur selten für etwas Neues etwas Altes los. Wenn das Aufräumen zur Regel wird, muss Mama nicht immer die Leid- und Hinterhertragende sein. Außerdem ist nur aller Anfang schwer und nervig, irgendwann geht jede stringente Routine in Fleisch und Blut über und bedarf keiner Anstöße mehr.

Sie werden dieses Phänomen ganz sicher kennen: Was ganz unten oder hinten in den Schränken liegt, das sieht und erinnert man schon gar nicht mehr. Wie im Supermarkt – man fokussiert am schnellsten, was in Augenhöhe und im Blickfeld liegt. Wir sind zwar nicht weniger clever als der Einzelhandel, aber mit deren regelmäßiger Inventur und täglich neuer Ordnung sind sie uns ein Vorbild! Machen wir nicht regelmäßig eine eigene Inventur, wächst auch die Ablage an Kleidung, Post, Abwasch und Vorräten, wenn täglich Neues hinzukommt. Apropos Einkaufen, ich las mal einen tollen Spruch: »Use, what you have and don't go shopping«! Wie lange könnten Sie das durchhalten?

Wenn man das Aufräumen immer wieder aufschiebt, will man irgendwann gar nicht mehr. Und dann arrangiert man sich, weil man einfach weggguckt. Wegfühlen geht allerdings nicht, und so kann auch die Psyche daran erkranken. Muss es wirklich so weit kommen? Müssen die letzten Gläser und Teller aus dem Schrank genutzt werden, die sich am Ende in der Küche türmen, weil man weder Muße noch Kraft hat, den Abwasch zu erledigen? Und sind die Schränke leer, wird man gezwungen, doch wieder hinzuschauen. Irgendwo muss doch noch ein sauberer Teller sein …

Wenn die Dinge sprechen könnten …

Was denken Sie, hätte Ihre Wohnung Ihnen zu sagen, wenn sie sprechen könnte? Ob sie sich wohl mit Ihnen fühlt? Wäre Ihre Wohnung die eines Fremden – wie lautete Ihr Gesamteindruck, Ihr »Urteil«? Welches Gefühl spiegeln Ihre eigenen Räume wider?

Fragen über Fragen. Muss aber sein. Wer nicht (hinter-) fragt, schwimmt an der Oberfläche. Das wollen wir nicht. Wir wollen in die Tiefe tauchen. Und wir sind doch gespannt, was sich da so entdecken lässt!

Was und wer auch immer uns umgibt, alles hat Einfluss auf uns. Schauen Sie sich um. Sehen Sie Zerbrochenes oder Angeschlagenes? Was uns umgibt, das sollte uns etwas bedeuten. Wie weit sind Ihre Ansprüche bereits herabgestuft? Wollen Sie das Allerbeste für sich, oder sind Sie genügsam geworden und geben sich mit Minderwertigem, Halbherzigkeiten und Kompromissen ab? Kopf hoch! Schauen Sie sich um – reihen Sie sich ein in das, was Ihnen sehr gefällt, wovon Sie nicht genug bekommen können, eben Lieblingsstücke! Schönes, Gesundes, Positives und vor allem Heiles. Leben wir in einer Welt voller Brüche, ziehen wir auch Brüche an (das »Gesetz der Resonanz«). Schlechte Laune verbreitet schlechte Laune. Umgekehrt wirkt gute Laune ansteckend auf andere. Lachen ist ansteckend, das wissen wir alle aus eigener Erfahrung! Wohnen ist Leben, Leben ist Wohnen. Seien Sie achtsam mit dem, was Sie in Ihr Haus tragen: Es könnte sein, dass Sie es nicht mehr loswerden oder dass es sich vermehrt. Umgeben Sie sich ab sofort nur noch mit dem, was Sie tatsächlich anziehen wollen. Liebe, Gesundheit, Glück, Schönheit, Glanz und Anerkennung! Was aber ziehen wir an, wenn wir das Gesetz der Resonanz missachten? Vergessen Sie auch nicht die Menschen, von denen Sie permanent umgeben sind. Wie verhält sich hier Ihr Anspruch? Erkennen Sie den roten Faden, eine Verbindung zwischen Ihren Gedanken und jenen Leuten, die Sie anziehen? Die

Ihnen unbewusst Themen und Aufgaben aufzeigen, denen Sie sich stellen sollten?

Was auch immer uns im Leben prüft, wir sollten doch darauf achten, nicht in die falsche Richtung zu wachsen. Knicken wir nicht ein! Nach unten gibt es Grenzen, irgendwann kann niemand tiefer sinken. Die Erde hat einen Grund. Nach oben hin jedoch bleibt alles offen. Grenzenlose Weite in galaktischer Höhe! Nichts und niemand sollte es über einen längeren Zeitraum schaffen, uns niederzudrücken statt aufzurichten, denn je kleiner wir uns machen (lassen), desto größer werden unsere Zugeständnisse ans Leben. Und ist das dann noch leben, oder doch nur atmen und funktionieren?

Keine Kompromisse –
Sie sind auch keiner!

Ist kein Budget für jene Lieblingslampe da, dann gibt es erst mal eine andere. Die ist natürlich nur ein Kompromiss und ein Platzhalter, aber besser als nichts, oder? Nein! Die meisten Provisorien halten über Jahre. Man hat sich daran gewöhnt, man schaut ja auch nicht immer hin. Und doch umgibt uns ein Hauch von Anspruchslosigkeit. Also – sparen und viele Kerzen anzünden und eine Bauarbeiterlampe aufhängen oder doch lieber die Kompromissleuchte?

Bei allem, was uns umgibt, zählt nicht materieller Wert. Den gibt's doch an jeder Ecke für mehr oder weniger viel Geld. Es geht um das, was wirklich bereichert und uns guttut: Liebe, Verbundenheit, Vertrauen, Klarheit, Tiefe und Ordnung. In einem Buch las ich sinngemäß, dass das Universum es gut mit uns meint. Es kann nicht unterscheiden zwischen positiv und negativ. Es gibt uns einfach mehr von dem, was wir haben und uns erdenken, weil es davon ausgeht, dass das unsere Wünsche spiegelt. Nie mehr eine XY-Frau? Nie wieder einen XY-Mann? Umkehren bitte. Keine NEINs, das Universum kann nicht unterscheiden, kennt kein Nein und kein Niewieder! Deshalb nerve ich auch meine Kunden immer wieder und bitte sie, genau hinzuschauen, was da ist. Und dann decken wir die Löcher, Brüche oder Sprünge auf, die mit dem Menschen nichts zu tun haben sollten.

Wenn wir wirklich loslassen, sein lassen, hinsehen – dann ist das eine Reise durch ganz unterschiedliche Lebensabschnitte. Dem einen fällt es leichter als dem anderen, die einen sind im Adrenalin-Rausch, die anderen baden eher in Lethargie. Die eine fühlt den Schmerz, der andere die Freude.

Sie reisen – durch Erinnerungen, durch Vergangenes und ganz bestimmt auch durch die Zukunft (»Kommt nach dem Entsorgen das Vermissen?«). Und wenn wir reisen, dann reisen die Gefühle immer mit. Und manchmal gibt es Tränen. Mal aus Wut, mal aus Verzweiflung oder vor Erleichterung. All das ist erlaubt, all das ist normal! Es ist sehr schade, dass manche Menschen von sich behaupten, noch nie geweint zu haben. Unvorstellbar! Dabei quellen die angestauten Tränenklöße in manchem Gesicht schon über. Was zählt, ist Souveränität bewahren, Gefühlsduselei ist wenig cool. Warum? Es wäre vielleicht wirklich etwas ganz Besonderes, eine sinnvolle Erleichterung, die diesen Menschen widerfahren würde, kleine »Überschwemmung« hin oder her – in jedem Menschen liegt doch so viel Angestautes. Und immer fürchtet man das Aufdecken, den Weg, weniger das Ergebnis, wenn man es täte und auflöste.

Misten wir in unserer Umgebung aus, verändert sich das Energiefeld. Energien fließen – meistens und überall. Aber manchmal eben auch nicht, weil ihr Fluss ins Stocken gerät, und schon sind die Blockaden da. Denken Sie an Adern, in denen das Blut ungehindert fließt, wenn es gleichmäßig gepumpt wird. Aber hier und da entstehen eben auch mal Klümpchen, und was passiert? Das alles hat nicht viel mit Glauben und Spiritualität zu tun, eher mit der Tatsache, dass angestaute Energie nicht ungehindert fließen kann. Körper ohne fließende Energie sind ausgebrannte Körper. Und ob rational oder spirituell unterwegs, ohne Power zu sein kann in beiden Fällen passieren. Nur sehen die einen lieber mit dem Kopf statt mit der Seele und holen sich lieber Drogen vom Doktor, statt den Therapeuten zu konsultieren.

In Räumen ist das nicht anders. Räume ohne positive Energie wirken oft still, tot, leer oder negativ beseelt. Und wir können das alle spüren, uns aber nicht immer erklären, wenn wir es nicht hinterfragen. Spannend finde ich es immer, wenn ich selbst einen Raum nur ungern betreten mag, aber eine Freundin sich hier besonders gern aufhält. Ich sage nur: »Resonanzgesetz«! Selten ziehen uns ja auch die gleichen Männer an.

Sich mit der Fülle in Räumen zu beschäftigen, ist eine große persönliche Angelegenheit. Aber es bleibt nicht die einzige, denn es gibt noch weitere Bereiche, die man ebenfalls mit Argusaugen betrachten sollte, um dort … kommen Sie, wir schauen da gemeinsam hin!

Bei besonderen und tiefergehenden Lebensthemen, die uns sehr beschäftigen, könnte auch eine Feng-Shui-Expertin hilfreich sein. Sie wird Ihre Räume berechnen, Ihre persönlichen Daten mit einbeziehen und besondere Werkzeuge erläutern. Räucherstäbchen oder Kräuter aus der Apotheke reichen eher für eine kleine »Reinigung« nach einer Umräumaktion aus. Man hat mir einmal gesagt, man störe den »Hausgeist«, der uns angeblich immer umgibt. Keine Sorge, das ist kein böser Geist, oder wohnen Sie in historischen Gemäuern?

Also, auch ich habe Baustellen, wie schon erwähnt. Mein

Keller ist nicht leer, meine Festplatte noch immer verstopft, und mir fehlt bis heute ein Besteckkasten in der Küchenschublade. Alle drei Baustellen stören meinen Seelenfrieden, weil mich alle drei Bereiche nerven. Mein Auge ist oft blind, nicht aber meine Psyche. Ich weiß, dass ich das angehen muss, kann es kaum ausblenden. Manchmal habe ich sogar Angst vor dem, was ich doch immer wieder sage: Wenn wir das Chaos nicht beherrschen, wird das Chaos uns beherrschen! Sie haben die Wahl! Wie würde sich Ihr Leben wohl anfühlen, wenn es keine Baustellen mehr gäbe? Nur die Liebe können wir nicht steuern, aber unser Umfeld, in dem wir wieder leben und lieben könnten – das können *wir* gestalten und in Schuss halten. Ob mit oder ohne Anleitung von außen – Sie entscheiden, Sie wissen, was Sie sich selbst zutrauen und wie viel Zeit Sie für die Veränderungen einplanen können. Vielleicht reicht dieses Buch schon aus, vielleicht aber dient es auch nur als Impulsgeber, der Ihnen die Möglichkeit eröffnet, sich nach hilfreicher Unterstützung umzusehen und die Schritte fortzusetzen.

Inneres Chaos und äußeres Chaos, beide gehören irgendwie zusammen, beide haben einander erschaffen und bedingen einander. Sich mit Äußerlichkeiten vollzustopfen, ohne wahrzunehmen, wie leer es doch im Innern ist – Leere kann auch eine Art von Chaos sein, wenn alle Gedanken um Sehnsucht kreisen, um unerfüllte Wünsche und ungelebte Träume.

Was versteckt sich aber wirklich im Außen, abgesehen von vielen Gegenständen? Versteckte Depressionen? Mangelndes Selbstwertgefühl? Im Umkehrschluss soll das nicht heißen, dass äußerlich aufgeräumte Menschen innerlich ebenso aufgeräumt und klar sind. Ich kenne Menschen, die ihre Ordnung fast manisch zelebrieren, so dass sie fast schon autistische Züge aufweisen – die kleinste Veränderung ruft Stress hervor, und das ist auch nicht sehr entspannend. Und wenn die Wohnung einem Museum gliche? Dann wäre kein Chaos zu sehen, aber auch kein Wohlfühlen, weil Starre erhalten werden will. Aber wohnen heißt leben, sich bewegen, Dinge bewegen, sich ausbreiten können.

Ich habe von den Optionen Therapie und/oder Coaching gesprochen. Am sinnvollsten ist es allerdings, mit Therapeuten direkt vor Ort zu arbeiten. Mehr über einen Menschen als in den Räumen, in denen er selbst lebt, erfahre ich nicht einmal in der Praxis, in der er vielleicht anfangs eine Maske tragen kann. Aber die Umstände, Gegenstände und Geschichten in den Räumen erzählen alles! Ich selbst arbeite nur in Räumen, aber ich bin natürlich kein Therapeut, eher eine Inspirationsquelle, die nicht weniger den Geschichten auf den Grund geht – allerdings intuitiv, nicht basierend auf Studiertem. Nach einem Powereinsatz mit meinen Kunden werde ich schon mal angeschrieben, wie sehr man darauf bedacht sei, alles genau so zu lassen, wie wir es an dem Tag zurechtgerückt haben. Das war natürlich nicht mein Ziel, und so gibt es bald drauf ein Nachgespräch. Wohnen soll Leben, soll Verändern und Bewegen sein. Ich will nicht, dass Pedanterie zum neuen Extrem mutiert. Jedes Extrem kann ungesund sein. Natürlich ist es in Ordnung, sich neue Regeln anzueignen: nichts mehr in die Ecke zu werfen, keine Haufen mehr zu bilden, nichts mehr verstecken zu müssen. Am besten und leichtesten ist es, einfach alles gleich wegzuräumen! Jedoch akribisch jedes Staubkorn wegzusaugen, aus Angst, der Raum könnte sonst schmutzig aussehen – das geht ans Nervenkostüm und ist wirklich übertrieben. Wir leben nun mal nicht im Museum, in dem wir ermahnt werden, wenn wir etwas anfassen. Wir leben in unseren eigenen Räumen, wir bewegen uns und hinterlassen Spuren. Und wir wollen auch wieder Leute einladen und empfangen, die hier und da unsere Gegenstände in die Hand nehmen dürfen, sie vielleicht an anderer Stelle wieder abstellen und ein wenig Unordnung in die neue Ordnung bringen, was uns jedoch nicht aus der Bahn werfen wird. Üben Sie mit Ihren Freunden, und lernen Sie, ein Mittelmaß zu finden, das für einen entspannten Umgang von Wohnen und Ordnung steht. Geselligkeit kommt stets vor Ordnungswahn.

Wir bekommen viel zurück von unseren Räumen: Schutz, Wärme, Sicherheit, Geborgenheit. Unser Zuhause soll unsere Basis sein. Als Dankeschön und auch aus Respekt gegenüber diesem Zuhause sollten wir es nicht verkommen, vermüllen, verdrecken oder verstauben lassen. Ziel ist es, anzukommen. Wir wollen die Räume genießen, und wir wollen uns selbst in ihnen genießen. Wenn uns danach ist, dann laden wir auch wieder Gäste ein. Wenn wir ahnen, dass sie sich bei uns wohlfühlen, können wir gemeinsam kochen oder einfach nur entspannen. An diesem Punkt bringt Wohnen wieder Spaß – Gastgeber zu sein und zu zeigen, wer und was wir sind. Immerhin sind unsere Räume auch ein Spiegel, in den wir dann gern auch wieder andere hineinschauen lassen. Wir wollen wahrnehmen, und wir erlauben uns, ebenfalls wahrgenommen zu werden. Wir wollen uns nicht mehr verstecken. Und auf keinen Fall wollen wir weiterhin in jenem Zustand verharren, der uns beschämt und isoliert hat. Angst? Warum? Vielleicht ein bisschen aufgeregt, ja! Aber dadurch, dass wir das Chaos abbauen, bauen wir auch viele negative Gefühle und Nebenwirkungen ab, die über lange Zeit mit unserem Chaos gewachsen sind.

Diese verdammte Portion Mut

Eine Portion Mut, das alles umzusetzen, was ich hier anspreche, braucht es schon. Doch keine Angst! Wir sind ja jeden Tag mutig! Mutig genug, um aufzustehen und uns einem Tag hinzugeben, von dem wir nicht wissen, was er uns bringen und wie er enden wird. Ebenso wenig wissen wir, mit welchem Gefühl wir uns abends wieder ins Kissen fallen lassen und wünschen, zufrieden einzuschlafen. Natürlich können wir aus Furcht vor möglichen Gefahren ständig zu Hause bleiben. Doch das ist so, als würde man sich selbst begraben. Kennen Sie das? Schließlich sehnen wir uns nach den Schönheiten und Abenteuern, die vor der Haustür liegen, auch wenn wir sie gleichermaßen fürchten. Angst kann uns schützen, doch sie kann uns auch am Leben hindern und uns vieler schöner Dinge berauben. Sich zu verstecken, das ist kein Leben. Leben findet im Sich-Zeigen statt, im Sich-Binden, im Sich-Leben, im Vor-die-Tür-Treten! Die Gefahr, zu Hause zu vereinsamen, ist grausamer als die Gefahr, vor der Haustür zu stürzen und sich das Bein zu brechen! Aber selbst vor jenen, die sich verstecken und eingraben, macht das Loslassen nicht halt. Loslassen von Zeit, von Stunden und Minuten. Warum nicht lieber diese Zeiten nutzen? Keine Minute wird sich je wiederholen, aber Minuten können Leben verändern! Jene Blicke, jenes Lächeln, auch von Fremden, das uns erfreut. Noch haben Sie die Wahl, sich für oder gegen etwas zu entscheiden, jedoch bedenken Sie: Ihr Wohngefühl erwartet Sie bereits! Lassen Sie es nicht im Stich.

Ich frage mich, ob der Unterschied zwischen Loslassen und Ausmisten eigentlich klar ist? Loslassen geschieht auf der psychischen Ebene, Ausmisten auf der physischen. Lassen wir los, schaffen wir Distanz, und zwar auch von Gefühlen und Geschichten. Misten wir aus, ist das eine eher schnelle und praktische Angelegenheit. *Aus*misten verrät es schon: *raus* mit dem Mist! Man wundert sich schon während und noch immer nach der Aktion, wie viel Unnötiges man bei sich beherbergt, so dass wahre Schätze und Werte es immer schwerer hatten, überhaupt bemerkt zu werden.

Ich hatte anfangs gefragt, was Dinge wohl sagen würden, könnten sie sprechen. Jetzt gehe ich gedanklich ein paar Schritte weiter. Wie gefällt Ihnen die Vorstellung, dass nicht nur wir Dinge loslassen, die wir nicht mehr brauchen, sondern eben Dinge auch uns ganz gern loslassen wollen, weil wir nicht gut zu ihnen sind und ihnen weder Platz noch Aufmerksamkeit schenken? Auf zum Perspektivwechsel! Mögen mich Realisten und Ungläubige schief angucken, aber für mich haben manche Gegenstände einfach Seele, nicht nur Teddy Ted und Püppchen Püpp aus Kindertagen. Nun haben Dinge keine Stimme, aber vielleicht kommunizieren sie auf ihre eigene Art und Weise mit uns? Durch plötzlich auftretende Risse, unerklärliche Sprünge oder weil sie einfach herunterfallen oder wir sie leichtsinnig fallen ließen. Wenn ich ihre Zeichen richtig deute, fallen sie nicht einfach so herunter und zerbrechen, sondern sie fühlen sich nicht weiter wohl bei uns – und so etwas dürfen wir nicht einfach ignorieren. Die Dinge schenken sich selbst die Freiheit, um sich von uns zu lösen. Wie schön, nie wieder ganz hinten im Schrank landen oder hinter Türen ersticken zu müssen und andere Gegenstände zu beneiden, wie sie einen Raum erstrahlen und aufwerten dürfen.

»Nicht sehen sei doch auch ein bisschen loslassen«, meinte einmal eine Kundin. Aber was wir nicht sehen, ist nicht weg; es ist zwar nicht sichtbar, aber es bleibt oft noch spürbar. »Nicht sehen« ist für mich ein fauler Kompromiss, der an Selbstbetrug grenzt. Und warum sollten wir etwas nicht mehr sehen wollen? Ich rede nicht von Dingen, die sinnvoll verstaut werden, weil wir sie brauchen, wenngleich nicht täglich. Und die anderen? Ich habe Mitgefühl. Da wird in die Ecke gestellt und vergessen, nicht gesehen, nur verdrängt und nie gebraucht. Vielleicht landet auch alles im Keller, in der »Lagerhalle, dem Zwischenlager«, oft eine der größten Baustellen und Mülltruhen im Haus. Sie meinen, eines Tages brauchen Sie die Dinge noch, würden sie vielleicht gar als Bereicherung der Wohnung sehen? Wie lange werden Sie das wirklich glauben? Wann genau ist »eines Tages«? Haben wir geweint, als manches Ding zerbrach? Haben wir uns Klebstoff und

Werkzeug geschnappt, um Reparaturen vorzunehmen? In absoluten Ausnahmefällen bestimmt, und wir wussten, warum! Aber irgendwann, ja, irgendwann, da werden wir das sicherlich mal wieder tun, oder … bis dahin erkennen, dass wir uns mit Brüchen einfach doch nicht weiter beschäftigen und umgeben wollen. Und ich bin sicher, auch im Keller gibt es viele Brüche!

Noch ein tolles Argument für das Festhalten und gegen das Ausmisten: »Ich will nicht zur Wegwerfgesellschaft gehören!« Doch bevor man zur Wegwerfgesellschaft gehört, gehört man zur Konsumgesellschaft. Klingt das tugendhafter? Viel früher schon hätten wir uns Gedanken machen müssen, um später nicht das schlechte Gewissen vorzuschieben. – Wir werfen doch nicht Omas Tagebücher weg. Wir befreien uns von Dingen, die wir an jeder Ecke wieder anschaffen könnten, obwohl wir es mit Sicherheit nicht tun werden. Wir kurbelten die Wirtschaft an und füllten unsere Häuser. Aber kaum etwas von dem, was wir erwerben, kaufen wir auf Lebenszeit. Und sollte doch der alte Schrank der Eltern langsam nerven, weil dunkle Möbel irgendwann auch das Gemüt verdunkeln, dann verabschieden wir uns lieber von ihm – oder streichen ihn an! Ein Schrank hat nie den gleichen Wert wie wir! Wer behauptet schon das Gegenteil? Wer, außer das schlechte Gewissen, das endlich betrachtet werden sollte. Es gibt genug Erinnerungen an die Eltern. Fragen Sie sich zwischendurch bewusst: Wären Ihre Eltern heute jung, würden die dann noch mit all den dunklen Möbeln leben? Was würden sie Ihnen sagen, wenn sie es könnten? Vielleicht: »Hey, endlich weg mit dem ollen Plunder! Seid jung, lebt eure eigenen Möbel, es gibt so schöne und so freundliche bei euch auf Erden!« Ich erinnere mich an eine Kundin, die das Wohnzimmer der Großeltern in ihre kleine Neubauwohnung quetschte. Sie baute einfach jene Zeit neu auf, in der sie einmal glücklich war. Sie wollte die Großeltern um sich haben, die Zeiten, die Erinnerungen, alles, was sie mit diesen Möbeln verband. Die Wohnung wirkte wie ein Schattenkabinett, weil die Größe fehlte, um sie auch nur im Ansatz zur Geltung bringen zu können. Die Alternative wäre gewesen, das Holz hell zu streichen, was meine Kundin aber ablehnte. Wir haben lange darüber gesprochen, weil ein Ausmisten für sie einer zweiten Beerdigung gleichkäme und sie als die dritte Generation es sich zur Aufgabe gemacht hatte, etwas aufrechtzuerhalten. Kinder hatte sie nicht, so dass die Reise hier geendet hätte. Außerdem hatte sie auch sonst keine gegenständlichen Erinnerungen an die Großeltern mehr. Ich fragte nach und ließ sie erzählen; ihre Erinnerungen sprudelten nur so hervor, ein wahrer Quell, den ich aufsaugen konnte. Auf einmal war es meiner Kundin doch möglich, *jetzt und hier* ihr eigenes Leben einzurichten und sich von jener alten Zeit zu verabschieden, denn die Erinnerungen waren lebendiger, als es die Möbel je sein konnten. Ihr wurde bewusst, dass die Villa von einst tatsächlich nicht in ihre Etagenwohnung passte. Wir drehten auch ihr Gefühl, »ein bisschen wie erneut sterben« um in »endlich selbst gestaltend leben«! Auch die Großeltern und Eltern hatten jene Möbel einmal gehen lassen. Mit nichts im Gepäck waren sie »da oben« angereist. Ich erinnere mich gern an den Einsatz zurück, der wieder einmal verdeutlichte, dass Erinnerungen nicht aus Holz(möbeln) geschnitzt sind.

Die Alternative, Omas Möbelstücke in weiße Farbe zu

tauchen, finde ich immer noch sehr schön. So erhalten wir Altes, aber schenken ihm ein neues Gesicht. Doch wird uns niemand schimpfen, wenn wir uns gegen Möbel aus dem Nachlass entscheiden und unsere Wahl für mehr eigenen Geschmack im Heute treffen.

Was fällt schwerer: festhalten oder loslassen?

Ich habe die Erfahrung machen dürfen, dass nicht das Loslassen, sondern das Festhalten schwererfällt. Es finden sich erstaunlicherweise mehr Gründe fürs Festhalten als für das Loslassen. Wenn ich allerdings die Argumente gegenüberstelle, gewinnt nicht eine Seite aufgrund der Quantität, sondern die andere aufgrund der Qualität. Maximierung des Lebensgefühls! Und am Ende stand fast immer das Einsehen, sonst hätte man mich nicht gerufen, wenn sich doch nichts ändern sollte. Welche Gründe fürs Loslassen, welche fürs Festhalten passten wohl auf Ihre Liste? Ein Teufelskreis, denn wir wünschen uns und denken doch bereits daran, endlich nicht mehr festzuhalten, endlich einmal loszulassen, aber leider ist das Handeln noch immer schwieriger als das Wünschen.

Haben Sie sich schon daran gewöhnt, auf der Last zu sitzen, dass Sie sich ein Wohnen *ohne* doppelten Boden unter den Füßen kaum mehr vorstellen können? Empfinden Sie sich eigentlich eher größer oder kleiner als die Unruhe in den Räumen? Stehen Sie noch über oder liegen Sie schon unter dem Chaos? Ist Klarheit eher Leere, die Ihnen

Angst macht? Solange im Innern diese Leere herrscht, brauchen viele Menschen den Blick auf die Fülle im Außen. Und Sie ahnen, was ich Ihnen zum wiederholten Male sagen möchte, es fast herausschreien will: *Füllen Sie das Innen,* dann braucht es keine *Fülle im Außen!* Ich würde ja zu gern das Chaos interviewen, aber es ist nicht interessiert an uns! Wir sind ihm so was von egal! Nun ja, natürlich Unsinn, denn *wir* sind diese Fülle, diese Last im Außen. Sind wir uns egal? Wir lassen uns von der eigens geschaffenen Last verdrängen und reduzieren somit unseren Wirkungskreis und Handlungsspielraum. Wer unter Enge leidet, müsste sich in kleinen Räumen erst recht mit nur wenigem umgeben.

Wir allein stecken hinter dem Chaos, wir allein könnten uns die Schuld in die Schuhe schieben. Wir verdrängen uns immer weiter und verlieren die komplette Kontrolle, woran wir das Ergebnis unseres Tuns und Seins ablesen können. Es ist zwar ein Urinstinkt, sich an etwas festzuhalten, etwas nahe zu sein, aber wenn aus dem Halten ein Klammern wird, geht es in die falsche Richtung. Beständigkeit, Rituale und Routine geben uns das schöne Gefühl von Sicherheit und Geborgenheit. Wenn wir klammern, fragen wir uns nicht mehr, ob das, was wir festhalten, auch festgehalten werden möchte. Spätestens wenn etwas kaputtgeht oder jemand vor uns flieht, wissen wir, dass tatsächlich nur im Loslassen ein (freiwilliges) »Festhalten« liegen kann. Lassen wir los, kann das/der andere freiwillig bleiben oder zurückkommen. Und vor allem darf es/er einfach *sein,* weil wir ihm Raum, Atem und Freiheit zurückgeben, an denen es zuvor doch mangelte. Und wieder frage ich: Wie haltlos fühlen wir uns wirklich, wenn wir die Fülle um uns herum auflösen? Woran könnten wir stattdessen festhalten? Ist es uns langweilig, wenn wir allein sind, und brauchen wir stets eine Berieselung von außen? Vor 20 Jahren brauchte ich immer wieder äußere Impulse, ich wäre sonst vor Langeweile fast gestorben. Schon bedenklich, mit sich selbst nichts anfangen zu können, sich selbst langweilig zu sein. Erst heute kann ich mich auch auf mein *Sein,* auf meinen inneren Reichtum konzentrieren. Und weil ich glaube, dass ich mein Innen ziemlich gut gefüttert habe, schöpfe ich aus genau diesem wunderbaren Fundus an Gefühlen, Erlebnissen, Erkenntnissen, Erinnerungen, Erfahrungen. Da ist so viel los, es kann niemals langweilig werden! Wären Sie noch lebensfähig, wenn morgen Ihr Haus abbrennen würde? Ich behaupte hier nicht ohne einen Hauch von Zynismus, dass es Menschen gibt, für die eine solche Katastrophe trotzdem die einzige Chance auf Heilung und Neuanfang wäre. Lebenslöcher, in die wir fallen, meistern wir, wenn eine Kraft uns stärkt – sie findet sich ausschließlich *in uns drinnen!* Manche fallen nicht einmal in diese Löcher, weil sie sich zu schützen gelernt haben, doch können auch sie Unvorhergesehenem nicht ausweichen und müssen viele Bewährungsproben bestehen.

Noch eine Frage drängt sich mir auf. Sie mag ein wenig lächerlich erscheinen, doch darauf will ich keine Rücksicht nehmen. Empfinden Sie eigentlich etwas dabei, wenn Sie Ihren Hausmüll zur Tonne tragen? Ich persönlich habe nie zu große Müllbeutel, weil ich nicht tagelang alten Müll sehen und riechen will. Ich habe weder Tonne noch Eimer und hänge meine Mülltüten einfach an die Klinke hinter die Küchentür, so bleibt der Boden frei und niemand sieht den Müll. Stört Sie der Gang zum Müllcontainer oder genießen Sie ihn so wie ich? Eigentlich kann von Genuss ja kaum die Rede sein, und doch ist es befreiend. Streiten Sie mit der Familie, wer mal wieder dran ist mit dem Gang zum Müllraum, oder übernehmen Sie das bereits automatisch? Ich wette, beim nächsten Besuch des Containers werden Sie an meine Worte denken. Was ich verdeutlichen will, ist, dass wir auch hier schon lang geübte Loslasser sind. Ob Müll oder nicht, das spielt dabei keine Rolle, es geht mir hierbei um die Handlung. Zur Erinnerung: Wir lassen jeden Augenblick das wertvollste Gut los, das wir haben: die Zeit. Und auch die Menschen, die uns am wichtigsten sind: unsere Kinder. Tag für Tag ein Stückchen mehr. Wir haben keine Wahl; darum ist es so wichtig, Zeit nicht zu verschwenden und von Dingen und Leuten vergeuden zu lassen, die unsere Lebensqualität schmälern, aber unseren inneren Tank nicht füllen.

In einigen Wohnungen sind wirklich alle Jahrzehnte auf der Lebensuhr vertreten. Hier ist das Ausmisten emotionaler als bei einer Fülle, an der fast belanglose Erinnerungen kleben. Aber für alle Seiten gilt: Wer sich für das Ausmisten entschieden hat, kann bereits an einem Tag enorm viel schaffen und verändern, sowohl optisch als auch gefühlt. Und wer sich erst in kleinen Schritten üben will, versucht heute vielleicht Folgendes: lediglich drei (!) Dinge aus jedem (!) Raum entsorgen. Und am nächsten Tag drei weitere und danach wieder drei. Wenn Sie das zwei Wochen lang täglich durchziehen, sollte es Ihnen danach schon nicht mehr schnell genug gehen können. Beobachten Sie, ob Sie schon bereuen, was Sie soeben in den blauen

Sack geworfen haben. Fertigen Sie doch eine Liste der losgelassenen Gegenstände an und übertrumpfen Sie sich immer weiter. Doch vergessen Sie auch nicht, sich zu belohnen: Wer erfolgreich arbeitet, verdient ein Lob. Auch fürs Widerstehen von Neuanschaffungen. Pro losgelassenem Gegenstand eine Sonne, einen Punkt, einen Cent? Wählen Sie Ihr Symbol. Ermutigen Sie sich jetzt, die nächste Neuanschaffung als Erlebnis zu sehen, etwas, das Ihr Innen füllt! Außerdem sollten Sie die verbliebenen Dinge erst einmal wirken lassen. Und danach gönnen Sie sich eine Kosmetikbehandlung, eine Massage, einen Saunagang, das Schwimmbad, ein schönes Menü, eine Stadtrundfahrt, eine Typberatung oder was auch immer Ihnen gefallen könnte. Vereinbaren Sie feste Termine, auf die Sie sich freuen. Nicht verschieben, das setzt Ihre Entscheidungsfähigkeit herab, an der wir gerade üben! Und Sie selbst sollten sich ja immer beim Wort nehmen können!

Schritt zwei führt in die Tiefe von Schubläden, der Speisekammer, der Bad- und Küchenschränke, der Bettkästen. Entdecken Sie Ecken, die Sie lange ganz bewusst nicht angegangen sind. Ich bin sicher, dass Sie plötzlich wieder Verschollenes in die Arme schließen können. Begeben Sie sich also gleichzeitig auf Schatzsuche. Doch selbst wenn die Freude über Wiederentdecktes groß ist, lassen Sie bitte trotzdem los. Haben Sie ja ohnehin in all der Zeit getan, in der es nicht erreichbar für Sie war, so gar nicht existierte. Sie kamen lange damit klar, ohne es gelebt zu haben, oder haben Sie in all der Zeit einen seelischen Schaden erlitten? Wenn ja, hätten Sie sich längst Ersatz beschafft, nicht wahr? Haben Sie Schachteln und Kartons geöffnet? Was ist im Keller los? Endlich verabschieden Sie Überflüssiges aus Ihrem Umfeld, jagen lästige »Untermieter« und »Platz-schmarotzer« fort. Machen Sie sich immer wieder klar: Sie tun das Beste für sich und Ihr Zuhause! Seele und Körper bekommen ein klares, aufgeräumtes Zuhause. Gehen Sie die Festplatte Ihrer Wohnung an und staunen Sie, was dort alles abgespeichert wurde. Fort mit Spam und Viren, Filter und Delete-Taste müssen endlich zum Einsatz kommen.

Ich bin mir ziemlich sicher, dass auch Sie das alles bereits einige Male vorhatten und angegangen sind. Aber entweder sind Sie gescheitert oder Sie gaben auf, aus welchem Grund auch immer. Seitdem warten Sie auf einen liebevollen Tritt in den Hintern, eine Eingebung, den Kick, noch einmal durchzustarten, oder? Wecken wir doch mal gemeinsam Ihren inneren Schweinehund – Dornröschenschlaf ist beendet! Treffen Sie noch einmal die Entscheidung, es *jetzt* zu tun, *jetzt* loszulegen! Es ist so wert-voll, Entscheidungen zu treffen, die Ihr Lebensgefühl radikal verändern können. Geizen Sie mit Sätzen, in denen es vor »sollte« nur so wimmelt, das ist nicht Fisch, nicht Fleisch, weder ja noch nein, weder heute noch morgen. Entweder man tut es, oder man lässt es bleiben. Verschieben? Wie lange denn noch? »Sollte« bedeutet auch, sich immer wieder daran zu erinnern, noch etwas vor sich zu haben. Wie belastend, jeden Tag das »Sollte« mit sich herumzuschleppen, während die Berge um Sie herum Ihnen weiterhin wertvolle Freude und Kräfte rauben. Verschieben, verdrängen, wegsehen – wie viel denn noch? Die meisten von uns sind doch schon Verdränger – von Kindheit, Beziehungen, Partnerschaften. Denken Sie jetzt bloß nicht:

»Ich könnte es ja mal versuchen!« Was hieße das im Klartext? Entweder tun oder bleiben lassen! Was sollten Sie denn noch so alles tun oder versuchen seit geraumer Zeit? Wie lang ist Ihre Liste? Bauen Sie ab, räumen Sie auf, schmälern Sie Ihre To-dos und empfinden Sie Freude im Tun! Sie selbst sind der verlockendste Grund! *Jetzt!* Oder heute Abend oder morgen früh, das wäre immer noch sehr überschaubar. Tragen Sie den Tag als Termin in Ihren Kalender ein. Freuen Sie sich drauf – auf eine wundervolle Verabredung, eine spannende Begegnung mit Ihrer Wohnung und sich selbst. Auf eine Herausforderung, die Ihnen endlich Klarheit in Raum und Alltag bringen wird. Wie könnten Sie sich denn jetzt nicht dafür entscheiden? Oder sind Sie einfach nur zu aufgeregt, weil Sie nicht wissen, wie sich das alles anfühlen wird oder ob Sie es schaffen werden? Keine Sorge, innerhalb weniger Stunden danach könnten Sie die Fülle erneut wiederherstellen, indem Sie die Geschäfte plündern. Und tun Sie das nicht, bekommen Sie die Räume nicht mehr voll wie zuvor – Sie haben schließlich ausgemistet!

Gehen wir mal davon aus, Sie haben sich entschieden, weil Sie den Wert und die Vorteile des Ausmistens erkannt haben und es »klick« gemacht hat! Dann los! Gestehen Sie sich heute Stärke und keine Schwäche ein. Heute gehen Sie an, was Sie bereits so lange vor sich hergeschoben haben. Ab heute lassen Sie auch all die Gründe für das Aufschieben los. *Vorher war gestern!*, lautet die Devise dieses Projekts. Und am Ende wird es Ihnen leicht- statt schwergefallen sein. Wie wäre es, wenn Sie sich vorher schon dafür entscheiden, es sich leichtfallen zu lassen? Ich wiederhole: Nicht das Loslassen, sondern das Festhalten macht uns krank. Und ging es Ihnen ohnehin schon schlecht mit all dem Ballast – schlechter wird es Ihnen auf keinen Fall mehr ohne ihn gehen, ganz im Gegenteil!

Ob Sie jetzt, gleich, nachher, morgen oder noch in naher Zukunft starten, eine kleine Vorbereitung bekräftigt noch die Ernsthaftigkeit. Unabhängig davon, wie viel Arbeit vor Ihnen liegt: Dass Sie sich selbst ernst dabei nehmen, darauf kommt es an!

Nehmen Sie sich Zeit und schaffen Sie Atmosphäre. Schlüpfen Sie in Ihre Wohlfühlklamotten, legen Sie passende Musik ein, zünden Sie Kerzen an und halten Sie Feuchtes für die Kehle und Festes für die Nerven bereit. Ja, auch tagsüber sorgt eine Kerze für sehr schöne Atmosphäre. Zelebrieren Sie den Beginn, den ersten Schritt! Sie bleiben nicht stehen, leben nicht in der Vergangenheit, nicht weiter mit Kopfkino, quälen sich nicht mehr nur theoretisch mit »was wäre wenn …«. Machen Sie sich groß, Schultern zurück, Brust raus, einmal strecken bitte. Körperspannung und Haltung unterstreichen Ihren Selbstwert, denn Sie wissen ganz genau, warum und für wen Sie das jetzt tun! Und vertrauen Sie auf das, was passieren wird. Vertrauen Sie darauf, dass Sie intuitiv das Richtige loslassen und bewegen. Hauptsache, Sie tun es und legen los! Und kommt Ihnen trotzdem noch alles merkwürdig vor, schlüpfen Sie einfach in eine Rolle. Am Ende werden Sie feststellen, dass Sie mit dem, was Sie vorhatten, eins geworden sind. Fokussieren Sie Ihr Ziel, auch wenn Sie das Ergebnis noch nicht kennen: ein schönes, einladendes, nestwarmes Zuhause mit gegenständlichen Mitbewohnern, die Sie schätzen und mögen! Heute schauen Sie in den Spiegel Ihrer Wohnung. Apropos: Hängen Spiegel an Ihren Wänden? Ich kenne Kunden, die lediglich auf den Spiegel im Bad nicht mehr verzichten, die restlichen wurden durch Bilder ersetzt. Hier eine Stimme aus meinem Kundenstamm: »Ich mag mich nicht permanent sehen. Außerdem schaue ich mich ohnehin nicht so gern an!« Und dabei hängen Spiegel weniger aus narzisstischen Gründen an den Wänden, sondern weil sie dem Raum Tiefe geben! Wenn ich mit meinen Kunden Spiegel gekauft oder alte wieder aufgehängt habe, bat ich sie trotzdem, den Blick auf sich zu richten und zu üben, sich wieder zu betrachten. Erst einmal nur betrachten, es gern zu tun, das ist ein Schritt für später. Sich selbst wieder ein Lächeln zu schenken, damit beginnt es. Das zieht Kreise, wenn Sie andere irgendwann auch wieder anlächeln können, erst recht Fremde. Spiegel können also optische und auch therapeutische Werkzeuge sein.

Seien Sie sehr bewusst beim Loslassen und versuchen Sie, hundertprozentig zu sein. Dokumentieren Sie anhand von Schnappschüssen Ihr Schaffen. Sie werden die Vorher- und Nachher-Bilder lieben. Ich tue das nach jedem meiner Einsätze.

Wenn Sie heute noch mit Ihren gebrauchten Putzlappen arbeiten, schmeißen Sie diese nach dem Einsatz weg. An ihnen kleben das Vorher, der Schmutz und der Staub aus einer anderen Zeit, jener vor Ihrer Reise ins Hier und Heute.

Wenn das Budget es zulässt, notieren Sie auf einer Einkaufsliste: neuer Haushaltsreiniger, neues Duftspray, neue Spülbürste, neue WC-Bürste, blaue Müllsäcke, Kartons für die berühmten drei Themen: Wegwerfen – Verschenken/Spenden – Verkaufen. Ich würde gerne das »Verbrennen« noch mit aufnehmen. Manche warten nur aufs große Osterfeuer, dem die vielen kaputten Holzmöbel zum Opfer fallen. Sie aber nutzen so einen Anlass, um Zettel ins Feuer zu werfen, auf denen alte Denkmuster und kleine Sünden stehen, die jetzt zu Asche werden. Blöde Muster, die sich in Schall und Rauch auflösen. Oder auch Ziele, die Sie danach gedanklich loslassen, auf die Reise schicken und darauf vertrauen, dass sie sich erfüllen.

Ganz wichtig: Notieren Sie lediglich, was Sie haben wollen, nicht, was Sie *nicht* mehr möchten, denn davon hatten Sie genug! Aber da nicht jeder gern mit dem Feuer spielt, bleiben die Säcke oder Kartons ein Klassiker. Kartons lassen sich zwar kaum in Müllcontainer quetschen, sind aber herrlich stapelbar. Der nächste (auch spontane) Flohmarkt wartet schon, und Sie sind bestens vorbereitet! Und was für den Verkauf nicht taugt, wird gleich zur Deponie gefahren.

Genießen Sie das Wegschmeißen. Und vergessen Sie nicht – Sie tun es schon jeden Tag!

Aller Anfang ist leicht

Wo fangen Sie an? Wo fällt die Entscheidung am leichtesten? Im Bad? In der Küche? Entscheiden Sie intuitiv! Jetzt zählt nur der allererste Schritt, die anderen werden schnell folgen! Schnappen Sie sich einen Müllsack und wandern Sie durch Ihre Räume. Werfen Sie hinein, was nicht verschönert! Oder hängen Sie an jede Türklinke einen Sack – und nehmen Sie sich vor, jeden Tag etwas hineinzuwerfen! Und riskieren Sie bloß keinen Kontrollblick, sondern genießen Sie den Augenblick des Loslassens. Hinterfragen Sie nicht, vertrauen Sie auf Ihren Seismographen – Ihre Intuition. Später werfen Sie mit Schwung und in hohem Bogen die erste volle Tüte in die Tonne. Bitte lächeln – Sie befreien gerade sich und Ihre Räume, und beide haben es sich so verdient! Lächeln verwandelt Schwere in Leichtigkeit. Sie sind auf einem guten Weg. Außerdem sind Müllsäcke dafür da, um gefüllt zu werden, mit Überflüssigem, Unansehnlichem, Ungeliebtem …

Wonach schnappen Sie als Erstes, was geschieht erst aus dem Bauch heraus, danach vielleicht mit Vorsatz? Zögern und überlegen Sie noch hin und her? Zu spät! Sie wissen genau, was Sie behalten wollen; Sie kennen Ihr entschiedenes »Ja« bei speziellen Gegenständen, auf die Sie niemals verzichten würden, warum auch immer – und das ist Ihre Messlatte! Sagen Sie klar und entschieden ja oder nein zu einer Sache, »weiß nicht« ist die absolute Ausnahme für den Notfall und landet auch in jener »Unentschlossen«-Kiste. Zu viele Grauzonen machen unglaubwürdig. Haben Sie endlich eine Meinung zu den Dingen und vertreten Sie die bitte auch. Sie wissen doch, was ich von Kompromissen halte: Im Notfall sind sie notwendig, aber wann verspüren Sie den Notfall? Kompromisse? – Wir sind auch keiner!

Wer trennt, gewinnt …

… viel Übersicht und Platz! Und im Nachhinein kostbare Zeit und wertvolle Nerven. Könnte ich Sie nur schon rufen hören: »Geschafft!«, würde ich zurückrufen: »Glückwunsch!«, und mich freuen, dass endlich Sie wieder Herr der Lage sind und nicht mehr die Lage Sie beherrscht! Ich möchte Sie beglückwünschen für Mut, Entscheidung, Willenskraft!

Doch sollten Sie bei manchen Dingen, die Sie in die Hand nahmen, unsicher gewesen sein und gezögert haben und sollte die Kiste mit der Aufschrift »weiß nicht« doch unerwartet voll geworden sein, dann wiederhole ich es liebend gern erneut: Ein Ja ist zweifelsfrei, ein Vielleicht und Weißnicht sind immer eher ein Nein. Und diese hatten Sie doch zur Genüge in der Wohnung, weshalb Sie sie nun gehen lassen sollen. So viel angehäufte und gestapelte Halbherzigkeiten, die dabei waren, alle Klarheit zu fressen. Schaufeln Sie die »Jas« frei und machen Sie sie sichtbar. Freuen Sie sich über dieses und auch jenes Stück. JA! JA! JA! Sie sind doch auch ein Ja, oder mag man Sie nur als »Vielleicht« oder »Weiß nicht«? Liebt man sie, oder ist man nur vielleicht ganz gern in Ihrer Nähe? Machen Sie sich stark und werfen Sie alle Unsicherheiten mit den Gegenständen in den Sack.

Eindeutige und klare Entscheidungen stärken Ihr Selbstbewusstsein. Damit beweisen Sie, dass Sie endlich wissen, was Sie wollen und was Ihnen guttut. Und was in Zukunft guttun soll. Verlassen Sie ab heute die vielen

Grauzonen in Ihrem Leben. Haben unentschlossene Menschen Sie auch schon rasend gemacht? Gehören Sie auch zu Ihnen? »Mir egal! Ich weiß nicht! Sag du!« Wollen Sie noch länger zu jenen gehören, die man nicht zurate zieht, weil sie sowieso keinen entscheidenden Beitrag liefern können? Suchen Sie selbst nicht auch eher Rat bei Menschen, die eine Meinung vertreten, eine klare Einstellung zu einer Sache haben, auf die man bauen und zählen kann? Jene, die sich frei machen von Meinungen der anderen, weil sie ausschließlich auf sich selbst hören? – Sie wissen doch genau, was Sie wollen, was Ihnen guttut, auch wenn es bisher über die Theorie nicht hinausging. Aber heute machen Sie Praxis, heute misten Sie aus und gestalten neu. Intuition, Herz und Bauch sind Ihre treuen Begleiter, wecken Sie sie, Sie haben eine Aufgabe bekommen und kommen endlich zum Einsatz!

Der innere Schweinehund

Wie ist das eigentlich mit dem inneren Schweinehund? Haben auch Sie ein Haustier, auf das immer Verlass ist? Den eigenen Antrieb haben Sie allein im Griff, nur Sie können ihn steuern. Sie können entweder alles immer weiter hinauszögern oder ab heute damit aufhören und neu loslegen. Geben Sie Ihrem Leben eine neue, schöne Richtung! Ausweglos ist eine Lage erst dann, wenn uns der Eigenantrieb fehlt, uns selbst aus der Schlinge zu ziehen. Wir rechtfertigen unseren Zustand, wir lernen sogar, ihn zu verherrlichen, ihn gar zu brauchen, weil wir uns auf ihn verlassen können. Er ist da, selbst wenn wir ihn nicht lieben. Wir verschanzen uns hinter dem Chaos, versteckten uns hinter der (Chaos-)Mauer, die uns irgendwann von der realen Welt da draußen getrennt hat. Jene, von der wir nicht wissen, was sie uns beschert. Oder wir stellten uns blind und taub gegenüber gut gemeinten Stimmen von Freunden, waren ignorant, haben nicht auf innere Bedürfnisse und Sehnsüchte geachtet. Bis zu dem Augenblick, in dem unsere Sehnsüchte zu schreien begannen, weil wir sie anders nicht wahrgenommen hätten. Stellen Sie sich ihnen! Ich habe mit Kunden gesprochen, die in Kauf genommen haben, dass niemand mehr sie besuchte. Im Nachhinein war es ein schmerzhaftes Erinnern. Einziger Vorteil des Alleinseins war, sich nicht mehr schämen und rechtfertigen zu müssen. Vor sich selbst zwar noch, aber das stellt man irgendwann ein. Lieber weiter verdrängen. Und Freunde, die geblieben sind, was konnten die schon tun? Ihnen fehlt der Abstand; oft ist deren Reaktion auf Widerstände sehr emotional. Und neutrale Hilfe von außen? Welcher Schmerz mag eigentlich größer sein – endlich die Karten alle offen auf den Tisch zu legen und sich zu zeigen oder für immer in seiner Starre zu verharren? Ich meine, so viel, wie man aus einem Haus herausgetragen hätte, würde der Betroffene nie mehr hineintragen, wenn er psychologisch motiviert und begleitet würde. Einige Kunden indes kamen so richtig in Fahrt, nachdem Unsicherheit und Antriebsschwäche zunächst überwunden wurden. Doch der Wille war der Weg zum ersten Schritt: die Erkenntnis, Hilfe zuzulassen.

Veränderungen heißt auch: Einstellungen wechseln, alte

Gedankenmuster über Bord werfen, Blickwinkel ändern, Anspruch hochschrauben, Selbstliebe ankurbeln, was alles sehr wohl für Unruhe sorgen kann. Was erwartet uns? Was begegnet uns? Was hält das Leben nach dem Erfolg für uns bereit? Wir hatten unser Leben doch schon eingerichtet, alles stand sicher, alles war vertraut. Geht es wirklich besser? Ich kenne die Antwort, auch wenn ich sie nicht verraten kann, denn es hängt immer alles auch von Ihnen ab! Noch könnten Sie umkehren, könnten diesen Weg wieder verlassen, aber bitte tun Sie es nicht! Ich schreibe dieses Buch nach sieben Jahren Praxis in der Wohnkosmetik, und weiß aus vielen Begegnungen mit Menschen, die mich um Unterstützung baten: Der Ist-Zustand bietet Sicherheit, doch leider auch Erstarrung. Der Weg zum Soll-Zustand bedeutet vielleicht Unbehagen, bietet aber Chancen! Tauschen Sie negative Gedanken gegen positive, das ist das Erste, was Sie für sich tun können. Und niemand kriegt das zunächst mit, nur Sie selbst! Ihre Gedanken werden Ihr Fühlen bestimmen. Ihr Fühlen wird Ihr Handeln prägen. Legen Sie los – schwer ist etwas anderes, diese Lektion ist der Startschuss!

Wie sähe wohl eine Welt ohne negative Einstellungen aus? Versuchen Sie einmal, sauer zu sein, während Sie lächeln! Geht nicht – also lächeln Sie und denken: *Es ist gut,* auf keinen Fall aber: *Es wird schwer!* Oder: *Alles wird gut!* Wann denn? Irgendwann? Stopp! Denken Sie sich Ihre Gegenwart, das ist nicht schwer und wird auch immer leichter und auch selbstverständlicher, wenn Sie es täglich tun! Ihre Welt ist lediglich so schwer wie Ihre Gedanken. Erdenken Sie sich stets das Beste. Sie brauchen Beweise?

Man kann sich alles schönreden, auch wenn Körper

und Geist längst in Unruhe sind. Nur hat das nichts mit Lebensqualität und Wahrhaftigkeit zu tun. Wie schnell zieht ein Leben dahin, die Reue auf dem Totenbett kommt dann zu spät. Und am Ende hallt ein quälender Satz durch den Raum: »Hätte ich doch nur …!« Genau! Sie haben aber nicht!

Was genau steckt hinter dieser Angst vor dem Leben, dass die aufgebaute Mauer, hinter der Sie sich so gut versteckt haben, nicht übersprungen oder gesprengt werden kann? Sie bekamen ein Leben geschenkt. Und statt es wie ein Wunder zu betrachten, waren Sie immer nur dabei, sich zu wundern. Über sich selbst, über andere und über Umstände, die ausgerechnet Ihnen widerfahren sind. Solange Sie jeden Morgen den Fuß noch auf den Boden setzen, können Sie sich mit dem Leben anfreunden, das schon lange darauf wartet, von Ihnen endlich gelebt und genossen zu werden. Nehmen Sie den Platz auf Erden ernst! Werfen Sie weg, was das Leben nicht schöner macht, und gestalten Sie es so, dass es lebens- und liebenswert für Sie wird. Und kämpfen Sie für Ihr Glück, es kommt nicht automatisch und schon gar nicht durchs Nichtstun! Ausruhen war gestern, heute ist Bewegung, innen und außen! Wenn wir tot sind, schlafen wir für immer aus. Richten Sie sich das Leben schön ein – dazu gehört eben auch ein harmonisches Plätzchen, wo auch immer Sie Ihre Zelte aufschlagen werden. Ein schönes Zuhause ist wertvoll, gibt Sicherheit und bietet Schutz für Geist und Körper. Wer nichts verändert, ändert nichts. Langeweile und Sicherheit gegen Abenteuer und Offenheit? In unserer Festung sind wir vermeintlich sicher. Doch wenn wir das Verlies verlassen, sind wir dann schon frei oder noch immer Gefangene, nur weil wir kurz mal Ausgang haben? Wie lebensfähig – und vor allem wie lange – sind wir im Leben außerhalb unserer vier Wände? Wie sicher fühlen wir uns dort, was macht uns Angst? Gehen Sie ruhig kleine Schritte, Sie können Ihr Tempo jederzeit steigern. Wichtig ist jetzt nur, zu gehen, auf etwas zuzugehen, das Leben und Erfahrung heißt! Vertrauen Sie, wenden Sie sich nicht ab, vergraben und verbuddeln Sie sich niemals wieder. Laufen Sie los, wie die Zeiger einer Uhr, die man nicht stoppen kann. Halten Sie lediglich an, wenn Sie mit Muße etwas entdecken, das sich lohnt, näher betrachtet zu werden. Lernen Sie Neues kennen, schmecken, erfahren. Lernen Sie, neugierig, offen und tolerant für das zu sein, was vor der Haustür alles auf Sie wartet. Und gönnen Sie sich abends ausreichend Schlaf – als Belohnung für das schöne und aktive Wachsein.

Sie haben keine Lust, immer alles allein zu unternehmen? Eine alte Dame sagte mal zu mir: »Liebe Conni, wissen Sie, wenn ich keine Lust mehr habe, mich mit mir selbst zu verabreden, dann wird es kaum ein anderer tun wollen. Wenn wir bewusst sind, sind wir nicht allein, dann nehmen wir uns wahr, dann schenken wir uns Zeit und Augenblicke, die wir sehr wohl mal nur mit uns ganz exklusiv genießen können.«

Haben Sie persönlich die Wahl, allein zu sein, oder sind Sie dazu gezwungen, weil Sie keinen Bekannten- oder Freundeskreis haben? Dann buchen Sie Menschen, die Sie begleiten, schalten Sie Kennenlern-Anzeigen. Wenn Sie sich einsam fühlen, dann bitte auch hier keine falsche Scham über das Gefühl, dass Sie niemanden haben und nun auf Fremde angewiesen sind. Ja und? Jede Freundschaft begann mit einer ersten Begegnung. Begegnen Sie! Sagen Sie einfach sich selbst und Freunden und Nachbarn oder wer auch immer Fragen stellt, dass Sie Ihr Leben ganz von vorn beginnen bzw. gerade umkrempeln. Ihr zweiter Frühling sozusagen!

Ich bin sicher, man wird Sie eher bestaunen als bemitleiden, denn einfach mal vieles über Bord zu kippen und den Anker neu zu werfen, das zeugt von Mut, den die meisten nicht haben. Die meisten bleiben mit dem Hintern auf einer Mauer kleben, über die sie selbst so gern mal springen würden! Denken Sie jetzt auch an alte Partnerschaften, verflossene Lieben, geflossene Tränen? Ab heute wird begonnen, Vertrauen neu zu schreiben. Jeder neue Mensch, jede neue Begegnung beginnt bei null. Die Erfahrungen, die wir mitbringen, haben wir mit anderen gemacht. Vor Ihnen sitzt ein neuer Mensch, mit dem Sie auch sich selbst ganz neu erleben werden.

Beim Loslassen, Aufräumen, Ausmisten und Wegwerfen – ganz gleich, welchen Begriff auch immer Sie verwenden – verbinden wir das Unangenehme mit dem Angenehmen. Wir bleiben in Bewegung. Wir verlieren sogar Kalorien. Und irgendwie ist das auch gut vergleichbar mit dem abendlichen Abschminkritual. Was würde passieren, wenn wir uns nicht pflegten, nicht mehr essen, nicht mehr trinken würden? Wir tragen Verantwortung, uns und auch den Menschen gegenüber, die unsere Gesellschaft suchen. Und so will auch unser Heim gepflegt werden, vorzeigbar, lebbar, wohnbar und genießbar sein. Die Wohnung hat ihre ganz eigene Stimme, sich zu »Wort« zu melden: Staub, Schmutz, Spinnengewebe, Schimmel. Denken wir mal bitte kurz an ungeputzte Zähne oder an rissige Lippen.

Kann man darüber hinwegsehen? Ich kann es weder bei mir, noch möchte ich es bei meinem Partner. Warum müssen Selbstverständlichkeiten überhaupt thematisiert werden? Warum muss eine Wohnung »Plaque« ansetzen? Duft zieht an, Gestank stößt ab. Unsere Wohnung kann nicht mit uns an die frische Luft, aber Frischluft durch tägliches Lüften und Frischduft durch Wischen und Putzen – das wäre doch das Mindeste für sie. Bequemlichkeit macht erfinderisch, und so gelingt es manchen Leuten, ihren Achselschweiß mit Eau de Toilette zu übersprühen und ihren Mundgeruch mit Kaugummis zu bekämpfen. Doch dem eigentlichen Übel kommen sie dabei nicht auf die Spur. Unser Zuhause können wir vor anderen verstecken, indem wir die Türen verschließen und sie nur in Ausnahmefällen öffnen. Aber zählen wir als Dauergast denn gar nicht mehr? Schenken wir doch uns die gleiche Aufmerksamkeit wie jenen Besuchern, nach denen wir uns eigentlich so sehnen.

Wie sehr wir uns lieben, schätzen und respektieren, erkennen wir an unserem Zuhause, das wir gestalten, pflegen und instand halten. Nicht nur der Inhalt sagt etwas darüber, wer wir sind und wie wir ticken. Ist es verstopft, fällt uns das Atmen schwer, das Leben stagniert, die Themen kreisen irgendwie ums Überleben. Atmen wir uns frei! Und nicht nur *wir* brauchen Frische und Freiheit, auch unsere Möbel wollen atmen. Setzen Sie den inneren Schweinehund auf die Straße! Oder zahlt der etwa Untermiete?

Betriebsblindheit ist keine anerkannte Volkskrankheit, und doch ist sie verstärkt vertreten und scheint sich wachsender Beliebtheit zu erfreuen. Nein, traurigerweise sind

Millionen von ihr befallen. Hier die gute Nachricht: Alles ist heilbar.

Wer sein Umfeld nicht bewusst wahrnimmt, befindet sich irgendwo, nur nicht mehr da, wo er auch hingehört: bei sich. Doch wir erkranken, wenn wir den Zugang zu uns verlieren. Wir, der Mittelpunkt unseres Lebens. Und wir können vereinsamen, können schlaflos und depressiv werden.

Was in Ihrer Wohnung nehmen Sie persönlich noch wahr? Machen Sie den Test. Schließen Sie die Augen und schreiten Sie gedanklich oder gern aktiv durch alle Räume. Kommen Sie klar? Sind Sie vertraut? Welche Ecken oder Räume ziehen Sie magisch an, welche meiden Sie lieber? Welche Gefühle kommen auf? Warum steht etwas hier und nicht dort? Haben Sie es intuitiv oder gedankenlos abgestellt? Welche Gegenstände treten sofort vor Ihr inneres Auge? Verhält es sich nicht ähnlich mit den Straßen, durch die wir täglich eilen? Die wenigsten könnten aufmalen, wie diese aussehen.

Wir sind nicht erblindet, und doch ist unser Blickfeld sehr beschränkt. Sehen und Hinschauen sind unterschiedliche Dinge. Oberflächlich sind wir geworden. Kennen Sie die Szene aus dem 1980er-Streifen »La Boom – die Fete«, in der Vics Mutter ihren Mann fragt, welche Schuhe sie an diesem Abend trägt? Er schweigt, hält die Tischdecke hoch und verlässt damit die Toleranzgrenze. Er nahm sie wahr, aber er sah nicht hin. Oder er sah hin, ohne sie wahrzunehmen. Seien Sie hundertprozentig! Aufmerksamkeit kann man lernen. Wo auch immer Sie sich in diesem Augenblick befinden, Sie können nicht woanders sein. Was auch immer Sie gerade tun, Sie können jetzt nichts anderes tun. Tun und seien Sie wahrhaftig. Oberflächlichkeit ist keine Tugend.

Ich persönlich mag Entscheider. Ich tue mich sehr schwer mit Wischiwaschis, Grüblern, Zweiflern, Nörglern, Mitläufern. Ich mag klare Worte, klare Ansagen und klare Entscheidungen, mag Menschen mit Standing. Nur in der Liebe mag ich diese eigene Sprache der Liebenden, undeutlich, zweideutig, feingliedrig bis grobporig. Nuancen, die für Außenstehende wie Kauderwelsch sind, weil sie eben nur für zwei sich Liebende zu entschlüsseln sind.

Sie freuen sich bereits auf die Gestaltung Ihrer Räume, auf den fühlbaren und sichtbaren Wandel? Noch ist es leider nicht so weit, noch befinden wir uns nur auf dem Weg dorthin. Aber das Ziel wird greifbarer, während es zuvor noch nicht einmal klar formuliert war. Lediglich die Hoffnung sprühte kleine Funken, weshalb Sie sich Impulse suchten, etwas zu verändern. Und wie schnell das geht, liegt ausschließlich an Ihnen. Gäbe es bloß einen Treiber, ein besonderes Ereignis in Ihrem Leben, das zusätzlich wie Sporen unter den Füßen wirkte … Ich könnte jetzt behaupten, *Sie* allein sind der beste Treiber, der schönste Anlass, Grund genug. Und ich weiß, ich habe recht. Aber solange Sie nicht dasselbe behaupten können, verliert sich der Wert meiner Aussage. Sie sind nicht zufällig frisch verliebt? Das wären dann besonders tolle Sporen …

Die lästige Hausarbeit

Wenn Sie an Haushalt nur denken – welche Emotionen kochen dann in Ihnen hoch? Nervt Sie der bloße Gedanke daran, empfinden Sie die Hausarbeit als lästig und als Zeitverschwendung? Ich selbst habe einen Favoriten: das Staubsaugen. Oh Gott, dieses wundervolle Geräusch, wenn Krümellandschaften vom Sauger knisternd verschluckt werden. Und genau diese Arbeit schafft es am schnellsten, eine aufgeräumte Wohnung zu bekommen. Ein gesaugter Raum wirkt fast schon wie gereinigt, so sichtbar ist der Unterschied zu vorher. Das Wischen liegt gleich auf Rang zwei. Ist der Wischmob im Einsatz, entkommen mir weder Fußabdrücke noch Saftflecken, und es verteilt sich ein herrlicher Frischeduft in allen Räumen. Nur das Fensterputzen verschiebe ich ganz gern, obwohl das Ergebnis ja immer beeindruckend ist: sich Durchblick verschaffen, den Durchblick behalten, klare Aus- und Einblicke bekommen. Haben Sie trotzdem bisher niemals Lust verspürt? Dann gönnen Sie sich einen Fensterputzer! Der Abwasch wird ersetzt durch Spülmaschinen, obwohl das Handspülen ja erdet, durch den Druck, durch die Berührung mit dem wichtigen Element Wasser und schließlich durch das Trockenreiben. Und das Beziehen der Betten? Während sich andere wochenlang unter verschlafenen Bezügen und auf verschwitzten Laken wälzen, gehören meine Sonntage dem Ab- und Neubeziehen aller Betten. Weg mit dem Schlaf der letzten Woche, alte Träume aus den Decken schütteln und eine Stunde Frischluft auf der Loggia. Für mich die reine Lust, keine Last. Zwanzig Minuten Einsatz sind es mir unbedingt wert. Wie oft mussten wir lästige Angewohnheiten umwandeln, nur um endlich festzustellen, wie leicht einem zuvor Verhasstes doch fallen kann. Last in Lust umwandeln – eine gute Übung für viele Lebensbereiche. Wenn sich Tatsachen oder Umstände nicht ändern lassen, gibt es wohl keine Alternative als Akzeptanz. Und doch ändert sich alles, wenn ich es mit Liebe betrachte. Es mag für die einen kitschig klingen, aber realistisch für die anderen, die es schon lange so erfolgreich praktizieren.

Die Liebe zum Bügeln habe ich erst mit der Anschaffung des richtigen Werkzeugs entdeckt. Heute freue ich mich auf den gesammelten Sack voller Knitterwäsche und nutze diese Zeit, die mich zur Muße zwingt und mir dabei die Möglichkeit bietet, in Ruhe ein Hörbuch zu hören oder eine DVD zu schauen – oder eben mal völlig auf jegliche Beschallung zu verzichten und mich nur auf die Arbeit zu konzentrieren. Vorbei sind die Zeiten, in denen diese Arbeit von einem Tag auf den anderen verschoben wurde, der Bügelberg bis zur Decke wuchs und ich beim Verstecken dieses Mahnmals immer erfinderischer wurde. Vor allem wurde der Kleiderschrank gähnend leer, und ich habe ohnehin schon kaum Garderobe, die mich über Wochen hinaus versorgen könnte. »Das beste Bügeleisen wird dich das Bügeln lieben lehren«, höre ich die Bügelfetischisten. Anstrengend? War gestern! Radfahren ist auch nur zermürbend, wenn ich den Berg auf einem Klapprad erzwingen muss. Natürlich schaffe ich es bis nach oben, doch zu welchem Preis? Auf Kosten von wertvoller Zeit und geliebten Nerven. Heute versuche ich, an festen Tagen in der Woche bestimmte Arbeiten zu erledigen, die langsam in Fleisch und Blut übergehen. Feierabend heißt doch nicht, die Beine in die Horizontale zu bringen und nichts zu tun. Wir kommen nun mal nicht um alles drum herum, höchstens mit einer Putz- und Haushaltshilfe an unserer Seite. Ich habe keine, ich halte meinen Haushalt überschaubar und investiere lieber in Schuhe, Essen oder Antifaltencremes. Ich habe gelernt, Erfolge aus eigener Kraft zu erzielen. Nun verteilen sich meine Räume auf ein paar Handvoll Quadratmeter, während die Anzahl der Familienmitglieder bei drei liegt. Und manchmal klopfe ich mir einfach auch mal lobend auf die Schulter, weil ich den Rollenmix aus Mami, Hausfrau und Unternehmerin ganz gut im Griff habe. Nicht zu vergessen meine Rollen als Freundin, Tochter, Schwester, nette Nachbarin.

Welche Dinge, die für Sie unabwendbar sind, sollten Sie besser liebevoll annehmen, statt mürrisch zu bekämpfen? Ich will eine Antwort! Ich denke da jetzt auch an körperliche Makel, die nur welche sind, weil wir uns immer wieder vergleichen müssen. STOPP! Krumme Nase, kurze X-Beine, Plattfüße, Hängebrüste, Narben. Annehmen heißt im einfachsten Fall, etwas zu akzeptieren, im besseren, es zu respektieren, und im besten Fall, es zu lieben, dann können das auch andere, die übrigens nicht einmal den Fokus auf das legen, was wir als Makel empfinden! Um ein glückliches, entspanntes Leben zu führen, haben wir doch keine andere Wahl! Wenn wir in etwas unsere beste Energie – Liebe – stecken, überträgt sich das automatisch. Wie könnte jemand anderes ablehnen und entwerten, wenn Sie es selbst anzunehmen gelernt haben und dieses Friedensabkommen auch ausstrahlen? Menschen mit Herz und Verstand verlieben sich in Ausstrahlungen, in Haltungen, in Ansichten. Sie reduzieren nicht auf Makellosigkeit. Alles an uns ist ausnahmslos einmalig auf der Welt. Nichts wird es je bei einem anderen noch einmal geben, was jeden von uns so besonders und einmalig macht. Mit welchem Recht wertet oder entwertet man einen anderen Menschen? Und so bleibt am Ende nur ein Weg, der richtig scheint: sich in sich selbst zu verlieben, von Kopf bis Fuß, außen und innen.

Die Sehnsucht nach Veränderung

Ich berate Menschen unterschiedlichen Alters und unterschiedlicher Herkunft; sie stammen aus unterschiedlichen Gesellschaftsschichten und haben alle ihre unterschiedlichen Geschichten und Themen. Nur eine Sache haben sie ausnahmslos gemeinsam: den Wunsch nach Veränderung!

Einer Kundin fällt das Ausmisten und Loslassen schwer, weil ihre Kindheit von Armut bestimmt war. Ihre Eltern lehrten sie Sparsamkeit und erzogen sie dazu, etwas so lange aufzubewahren, wie es noch bespielt oder restauriert werden konnte. Wären diese »Alten« heute jung, sie würden ihren Kindern vielleicht etwas anderes erzählen. Und so »rettete« meine Kundin, was andere bereits entsorgen wollten. Das sprach sich schnell herum, und die Nachbarn konnten sich bald den Weg zum Sperrmüllhof sparen und lieferten ausgemisteten Ballast einfach bei meiner Kundin ab. Eine furchtbare Vorstellung! Meine Kundin verband *Haben* mit Luxus, so entdeckte sie unweigerlich in längst Kaputtem und Zerbrochenem einen Nutzen und öffnete ihr Herz für angestoßene, ungeliebte, ausrangierte Waisenkinder. Als ich ihren Garten betrat, glaubte ich mich eher auf einem Friedhof voller zersprungener Blumentöpfe. Ich war umgeben von Zerbrochenem, fragte aber vorsichtshalber nach, ob es sich um Kunst oder Installationen handele. Ich habe viele Brüche gesehen, dabei gab es meist einen Kontext zum Privatleben. Und in der Regel durfte ich die Geschichten dahinter erfahren. Nach dem Einsatz schrieb mir meine Kundin, sie habe sich von jedem einzelnen Topf verabschiedet. Ein ganz großes Gefühl, weil ich ihr zuvor erklärte, dass Bruch auch Bruch anzieht, Schönes wiederum Schönes. Erklärung zu den Töpfen: »Die kann man doch umdrehen, warum muss man die wegschmeißen! Ich habe sie bei Freunden vor der Entsorgung gerettet!« Gerettet? Für wen? Warum?

Meine Lösung: Überlegen, warum sie sich Dinge ins Haus holt, die bereits zerbrochen sind. Nur Scherben auf dem Polterabend bringen Glück! Meine Kundin schrieb weiter, sie habe sich ihr Festhalten damit erklärt, dass sie als Kriegskind ausnahmslos auf Sachen von anderen angewiesen war. Heute ist ihr klar, dass sie das nicht mehr ist; sie verdient gutes Geld und kann sich die Unabhängigkeit gut leisten!

Eine Anruferin war im Alter von dreißig Jahren aufgrund traumatischer Erlebnisse in eine tiefe Krise gestürzt. Nun lebe sie seit zweiundzwanzig Jahren im Chaos, in einem Loch, und sei davon erkrankt. Loslassen? Weit gefehlt!

Die Angst, sich an nichts mehr klammern zu können, schien einfach zu groß. Fülle schien ihr Halt zu geben, aber gleichzeitig raubte sie ihr ein gesundes Leben. Ich bot ihr an, nichts wegzuwerfen, sondern alles zu sortieren, Strukturen zu schaffen, Ablagesysteme aufzubauen. Im Nachhinein hätte ich direkt nach dem Gespräch zu ihr fahren müssen, um ihr den Spielraum zu nehmen, den nun konkreten Schritt noch einmal zu verwerfen und gar anzuzweifeln. Zwei Tage später sagte sie ab. Die Zeit sei noch nicht reif, aber sie verspreche, es sei nur ein Verschieben, kein Stornieren. Ich wusste, sie würde sich nie wieder melden, denn das Versprechen galt nur mir, nicht aber sich selbst gegenüber. Der erste Schritt, mich anzurufen, war so groß für sie, dass eine Realisierung wahrscheinlich die Ketten des Vorstellbaren gesprengt hätte. Es tut weh, weil ich die Dame so gern auf ein Leben außerhalb ihrer Räume neugierig gemacht und sie dabei ein Stück begleitet hätte.

Bei einer anderen Kundin war selbst die Badewanne bis zum Rand mit Sachen gefüllt: Bastelsachen. Es genüge ihr, sich am Handwaschbecken zu waschen (sie hatte langes Rapunzelhaar). Und natürlich wisse sie genau, was sie alles habe und wo sich was befinde. Die rund dreißig bis zur Decke gestapelten Kartons könne sie mir jederzeit beschriften. Das Traurige: Ihre Kinder, die mich für den Einsatz gebucht hatten, hatten ihren Platz für die Kartons hergeben müssen. Die Enkel konnten nicht mehr bei ihr schlafen, und zum Essen mussten alle auf dem Boden sitzen, weil Kartons (voller Zettelschnipsel) selbst auf den Tischen thronten. Nach zwei Stunden Arbeit warf sie alles hin und setzte ihre Kinder und mich vor die Tür. Ein trauriger Tag, an den ich mich mit sehr gemischten Gefühlen erinnere. Ich sprach noch lange mit den verzweifelten, überforderten, langsam resignierenden Kindern, die fühlten, ihre Mutter »verloren« zu haben. Ich bat sie, sich umgehend Adressen vom Amt für Hilfsangebote geben zu lassen. Es grenzt an emotionale Gewalt, hilflos mitansehen zu müssen, wie jemand, den man liebt, vor sich hin »vegetiert«, obwohl er leben sollte und noch so gebraucht wird! (Anmerkung: Es ist schwierig, mich *für jemanden* zu buchen. Zumindest der Impuls zur Veränderung muss irgendwann vom »Betroffenen« selbst einmal geäußert worden sein.) Dieser Fall liegt schon viele Jahre zurück, aber vergessen habe ich Mutter und Kinder nie. Jene Kinder, die sich wertloser vorkamen als die vielen Kartons, für die sie ihren Platz hergeben mussten.

Eine Kundin schlief in einem kleinen Bett, daneben stand ein kleiner Nachtschrank, die Wand dahinter neonpink. Auf ihrem Kissen lagen ein paar Kuscheltiere in zwei Reihen. »Frau Köpp, kein Mann bleibt übers Gläschen Wein!« – Natürlich liegt das in erster Linie an persönlichen, emotionalen Motiven. Chemie zieht an, stößt ab oder ist im Ernstfall nicht einmal vorhanden. Aber auch eine Wohnsituation kann sehr aufschlussreich sein und viel Spielraum für Interpretationen des anderen bieten. Ist die Wohnung mit Weiblichkeit überladen, kann nicht jeder Mann entspannen und sich wohlfühlen. Es fehlt ein männlich dominanter Ausgleich in Form und Farbe. In einer rosa-pinken Welt ist kein Platz für ihn. Hingegen bedarf es in einer reinen Macho-Bude nur einiger weiblicher Handgriffe, und Atmosphäre ist da! Was ich in beiden Geschlechter-Buden oft feststelle: Meist liegt nicht einmal ein zweites Kissen auf dem Bett. Kauft man erst eins, wenn es so weit ist? Woher bekommen wir denn eins, bleibt doch ein Rendezvous mal über Nacht? Natürlich würde Sie auch ein eigenes Nachtschränkchen für Ihn kaufen, wenn er denn käme. Aber ist es nicht so, dass ich meine Wohnung so kreiere, wie ich es mir heute wünsche, und nicht damit warte, bis der schöne Umstand mich morgen schließlich zur Veränderung zwingt? Soll er/sie doch sehen, dass sein/ihr Plätzchen längst vorhanden ist und nur auf ihn/sie gewartet hat. Und als Zeichen dafür, dass man bereit ist, sich auf ihn einzulassen. Und selbst im Kleiderschrank bleibt stets ein kleines freies Eckchen – als Symbol. Natürlich ist man nicht zwingend unglücklich, wenn man ein Singledasein fristet, aber allein zu bleiben wünscht sich doch auch niemand. Die Erklärung meiner Kundin, er bleibe schon, wenn er der Richtige ist, reicht nicht aus.

Die Anfangsgeschichte einer Beziehung ist ein zartes Pflänzchen, das jederzeit noch knicken und zerbrechen kann. So oberflächlich es auch klingen mag, nach einer Weile erinnern wir uns an die ersten Eindrücke in der Wohnung des anderen zurück und stellen fest, dass wir vieles hätten deuten können, den Charakter und die Lebensanschauung betreffend. Naiv ist es, das Gegenteil zu behaupten, auch wenn es grundsätzlich Ausnahmen im Schubladendenken gibt. Manchmal ist die Luft zwischen zwei Menschen schon raus, bevor sie sich hätten durch wilde Stürme lieben und miteinander reifen können. Aber wenn die Wohnung, die Basis eines Lebensgefühls, für den anderen »falsche« Bände spricht, dann ist das keine Nebensächlichkeit und keine Oberflächlichkeit. Traurig natürlich, wenn jemand seine eigene Wohnung selbst schon lange nicht mehr mag, aber noch keine Zeit hatte, sie den eigenen Vorstellungen entsprechend zu verändern. Doch selbst das steht für etwas … und dann ist es einfach Schicksal. Eine Wohnkosmetik hätte zwar Wunder wirken, aber natürlich nicht jede Wunde heilen können. Fazit: Richten Sie sich endlich so ein, wie Sie sich sehen! Und ist da kein Etat für Neues, dann wandert trotzdem vieles raus. Leere Räume mit wenigen Lieblingsstücken – wundervoll!

Eine Kundin teilte aufgrund von Platzmangel seit Jahren schon dasselbe Zimmer mit ihrem Sohn. Nach dem Powertag hatten wir ihr eine Schlafgelegenheit im Wohnzimmer geschaffen und dort zwei Bereiche durch einen Bücherschrank getrennt. Der Haupttenor war natürlich, dass ein Pubertierender – in diesem Fall auch noch ein Sohn – unbedingt sein eigenes Refugium braucht und keinesfalls neben seiner Mutter aufwachen sollte. Die zwei älteren Geschwister hatten mehr Glück. Wahrscheinlich war es für meine Kundin eine zweite Abnabelung von ihrem jüngsten Spross, aber sie stand in keiner Relation zu den lange zurückgesteckten Bedürfnissen der beiden. Ich kenne Kundinnen, die nach einer Trennung vom Partner ihre Kinder in eine neue Rolle drängen, weil es in ihnen nach Kompensation schreit. Und weil es so einsam ist, allein zu schlafen. Natürlich lieben Kinder die Nähe ihrer Eltern, solange sie nicht ahnen, dass sie als Platzhalter dienen, als Ersatz für Leere, fehlende Nähe und bedingungslose Liebe. Am Ende werden sie nicht einen einzigen Bereich abdecken, ist ja auch um Himmels willen gar nicht ihre Aufgabe. – Die Erklärung meiner Kundin war, dass ihr Sohn einfach nicht mehr allein schlafen könne, sie habe ihn ein paar Mal schon gefragt. Und er brauche seine Mutter eben länger, und es sei ja auch nirgends ein weiterer Schlafplatz möglich. Wir sprachen über Pubertät und Wachstum, über das Abnabeln und das Recht auf ungeteilte Privatsphäre. Schließlich stellten wir ein Bett aus dem Kellerfundus auf und ließen aus Platz- und hygienischen Gründen einen zerschlissenen Sessel gehen. Das Bett im Wohnzimmer gestalteten wir als Sofa. Auch wenn die Abnabelung nach so langer Zeit schmerzvoll ist – für Eltern oft mehr –, Kindern steht eine unbeschwerte Rolle zu, die es zu wahren und zu schützen gilt. Kompromiss: Wenn Geschwister gleichen Geschlechts altersmäßig eng zusammen liegen, dann dürfen wir – aus Platzgründen – das Zimmer zweiteilen, weil auch dort jeder mit der Zeit seine eigene, abgeschlossene Ecke beanspruchen sollte. Pfiffige Raumteilungen sind kreative Lösungen.

In einem Wohnzimmer hing über einem Sofa eine Ahnengalerie, Bilder von Soldaten, vom Krieg, Gewehre. »Die schießen mir direkt in den Kopf!«, schoss es aus mir heraus, als ich kurz Platz genommen hatte. Weiter ging es ins Schlafzimmer. An der Wand vis-à-vis zum Bett hing eine Zeichnung eines Kindes, wie man ein Kind niemals sehen möchte: mit weit aufgerissenem Mund. Ein Schrei aus Angst und Furcht? Nun sprachen wir über meinen Eindruck, bevor ich zum Loslassen motivierte und Möbel sowie Accessoires verschob. Am Ende des Tages wurden die

Bilder durch freundliche Fotos der Vorfahren ersetzt und an die gegenüberliegende Wand gehängt. Allein diese Arbeit empfand ich als therapeutische, systemische Familienaufstellung. Wer wird neben wen gehängt? Wer fühlt sich wohl bei wem? … Erklärung des Kunden zu den Ahnen: »Ich kannte sie zwar nicht, doch fließt ihr Blut durch meine Adern, sie gehören zu mir. Das stammt aus dem Nachlass meiner Eltern, außerdem mag ich alte Fotos.« Natürlich! Wirklich? Ich hatte den Kunden gebeten, andere Ahnenbilder herauszusuchen, auf denen Menschen aus ihrer Sicht etwas Schönes, Liebes, Fröhliches und Warmes ausstrahlten. Diese würden an jene Wand gehängt, die vom Sofa aus zu sehen ist. Auch eine Erklärung zur Kinderzeichnung forderte ich liebevoll ein: »Der Künstler, ein erkrankter Mensch, bedeutet mir sehr viel. Unter keinen Umständen würde ich dieses Bild je weggeben!« Von Weggeben war keine Rede, doch musste schlichtweg ein anderes Plätzchen her! Wer jeden Morgen einem Schrei ins Gesicht schaut, kann einem Schrei doch kaum entkommen. Im Arbeitszimmer des Kellers setzten wir schließlich den neuen Nagel. Der Raum wurde wenig, aber intensiv genutzt. »Schaust du zu lange auf den Schrei, schaut dieser Schrei auch bald auf dich!« Dieser Satz kam mir spontan von den Lippen. Schließlich wollte ich doch, dass verstanden wird, warum ein Verbannen aus dem Schlafzimmer so entscheidend war. Das Schlafzimmer, der Ruhepol aller Räume!

Ein Hilfeschrei am Telefon: »Ich hasse mein Zuhause!« – Als ich am Einsatzort eintraf, traute ich meinen Augen kaum. Geschmackvoll, liebevoll, einladend, ein Wohnmagazin hätte damit aufgewertet werden können. »Dieses Zuhause können Sie unmöglich hassen! Was Sie hassen, sind nicht diese Räume, in denen so viel Liebe für Einrichtung und Gestaltung steckt!« Als ich meine Kundin verabschiede, lasse ich mir das Versprechen geben, sich auf Spurensuche zu machen, den Herd dieser extremen Unzufriedenheit zu suchen. Hass sitzt tief, aber auf den ersten Blick hat diese Wohnung das auf keinen Fall gespiegelt. Die Kundin sollte unbedingt in die Tiefe tauchen. Zunächst allein, dann mit dem Partner und abschließend mit einem Experten an ihrer Seite.

Ein Ehepaar lebte in einer Drei-Zimmer-Wohnung. Nicht allein, denn mit ihnen breiteten sich noch fünf Katzen aus. In jedem der Räume stand ein Kratzbaum; dazu kamen Spielsachen, die man eher für Kleinkinder vermuten würde. Auf einen Blick erkennbar: Nicht die Familie war mehr Mieter der Wohnung, es waren die Katzen! Diese Erkenntnis musste aber erst deutlich werden, bevor man den Weg aus der »Gefangenschaft« gehen konnte. Nach einigen Gesprächen gab es natürlich die Katzen noch, aber die Wohnung glich nunmehr wieder der eines Paares, nicht mehr einer Katzenpension. Hier lagen Schmerz und Freude beim Umbruch und Umdenken gleichermaßen beisammen. Aber der Mensch darf nicht verdrängt werden, auch wenn in diesem Wohn- und Lebensumstand tiefere Ursachen zu finden sind: Kompensation, wie in den meisten Fällen. Katzen als Symbol von unerfülltem Kinderwunsch? Gebraucht zu werden, sich verantwortlich zu fühlen, sich kümmern zu können, sich geliebt zu fühlen und bedingungslos lieben zu können. Die beiden machten sich sehr viele Gedanken über meine Worte und ließen mich bald wissen, dass sie ihren eigenen Radius wieder vergrößert, den der Katzen dagegen erheblich eingeschränkt bzw. der Wohnung menschliche Züge zurückgegeben und bei den Habseligkeiten der Katzen ausgemistet hätten. Meine Idee, sich als »Leih-Großeltern« anzubieten, wurde als Anstoß in Erwägung gezogen.

Eine junge Unternehmerin aus meiner Heimatstadt ließ mich nach einer Trennung kommen. Aus einem Zustand völliger Kraftlosigkeit heraus schaffte sie es gerade noch, mich anzurufen und mir zu berichten. Sie fühlte sich gelähmt und im Innern emotional ausgebrannt, wobei ihr Außen das Innen deutlich widerspiegelte. Lebensumfeld und Wohnsituation waren zur Falle geworden, aus der sie sich allein nicht mehr befreien konnte. In einem einzigen Augenblick der Willenskraft ging ihr Anruf bei mir ein! Als ich zum Vorgespräch kam, was ich immer dann – allerdings nur in meiner Stadt – mache, wenn sich ein längerer, gemeinsamer Weg vermuten lässt, war ich überrascht. Wunderschöne Accessoires, stilvolle Möbel, Geschmack, der deutlich erkennbar war. Nur waren Struktur und Übersicht verloren gegangen, selbst die Zimmertüren ließen sich nur sehr schwer öffnen, weil der Boden mit Gerümpel übersät war. Unüberwindbares Chaos schien zu großen Widerstand zu leisten. Ob Teppich oder Laminat, auf den ersten Blick nur schwer erkennbar.

»Frau Köpp, sieht aus, als wäre ich ein Messie, aber ich bin keiner, denn ich kann und will unbedingt loslassen. Aber wo nur soll ich anfangen? Meine Wohnung und ich haben auch mal schöne Zeiten gesehen. Früher. Als alles anders war. Wenn ich aufräume, geht nur Zeit verloren, erkennbar ist die Mühe nicht. Das macht mutlos.« – Das Leben hatte meine Kundin unter sich begraben. Zwei Tage lang schaufelten wir alles frei, tauschten wir Gespräche, Freude, Besorgnis, Ängste, Schweigen miteinander. Neunundvierzig blaue Säcke trugen wir zur Deponie, und von jedem musste sich meine Kundin persönlich verabschieden. Schwere loszulassen, Ballast abzuwerfen, welch ein Befreiungsschlag auf emotionaler und auch körperlicher Ebene! Affirmationen hatten wir zuvor besprochen. Ich höre noch heute den Schrei meiner Kundin bei Beendigung unserer Arbeit: »Ich habe einen Teil meines Lebens zurück! Ich werde wieder Freunde einladen und an einen hübsch dekorierten Tisch setzen, die mit mir durch diese schwere Zeit gegangen sind, die mir großzügig ihre Unterstützung angeboten haben, die ich jedoch weder annehmen wollte noch konnte.« Sie wollte niemanden überfordern. Die negativste Erkenntnis dieses Einsatzes: Chaos ist oft reiner Luxus, weil so viel Doppeltes und Dreifaches nachgekauft werden musste.

Die schmerzhafteste Erkenntnis: Beruflicher Erfolg spiegelt sich nicht gleich im privaten Erfolg, wo man Kontrolle und Haltung schnell verlieren kann. Man wird ja nicht dafür bezahlt, Ordnung zu halten. Die positive: Sehr viel Kleidung – weil ja doppelt und dreifach vorhanden – wurde gespendet oder verkauft. Ebenso viele Bücher. Aussortierte Kosmetik und Schmuck wurde liebevoll verpackt und an Freunde verschenkt. Und auch ein Flohmarkttermin wurde gebucht. Was sollte man mit dem Erlös anstellen? Kurztrip buchen, Wellness mit der Freundin, da gibt es viele schöne Beispiele. – Ob es je wieder wie vorher aussehen würde, wenn das nächste emotionale Down ein Loch für uns graben will? Eine Zeitlang will ich noch begleiten, solange meine Kundin mich braucht und sich an meiner Seite sicher fühlt. Und ich weiß: So viel, wie wir gemeinsam losgelassen haben, kann unmöglich in nur kurzer Zeit wieder angeschafft werden – und so lange wird genossen! Und nach einem Jahr komme ich wieder, biete den »Raum-TÜV« an, dann machen wir Inspektion. Das Gefühl, endlich wieder atmen und leben zu können, ist aber zunächst die beste Prophylaxe. Die Fotos des Vorher-Zustandes hängen übrigens am Kühlschrank meiner Kundin, durchgestrichen mit einem Edding und meinem Slogan drüber: »Vorher war gestern!« Ganz gleich, welche Umstände meine Kundin in diese Misere zwangen, sie hat sich nach mir einen Lebenscoach gesucht und lernt mit ihm, rechtzeitig die Zeichen einer nächsten Krise zu erkennen – und wie sie damit umgehen kann. Der äußere Anblick von Fülle hatte meine Kundin zunehmend geschwächt, heute tankt sie wieder Kraft in ihrem Zuhause und ist wieder liebevolle Gastgeberin.

Wieso leidet in der Regel auch immer die Wohnung darunter, wenn wir uns in einem emotionalen Tief befinden? Oder gibt es auch das andere Extrem, dass schon das kleinste Verschieben einer Ordnung uns psychisch aus der Bahn werfen kann?

Ein Zuhause lässt geschehen und wehrt sich nicht. Hier können wir uns gehenlassen und werden nicht in den Hintern getreten! Wir funktionieren zwar irgendwie, schaffen es gerade noch aufs Klo, unter die Dusche und an den Kühlschrank, aber grundsätzlich rate ich: Heute muss weg – heute muss der Überfluss und alles Überflüssige raus, um für schlechte Tage vorzubeugen. Wo viel ist, bewegt sich viel – und zwar auch überall dorthin, wo es nicht hingehört. Und wie fühlt sich das an? Irgendwie egal, es gibt ja Wichtigeres. Als was? Auch egal! Bis zu jenem Augenblick, in dem das äußere Chaos in dich hineinschaut – und du weißt, wenn jetzt nicht was passiert, passiert was Schlimmes oder gar nichts mehr. Leben? Ist anders! Und woanders!

Ich höre noch die Stimme einer lieben Kundin, für mich klang es nach einem Hilfeschrei: »Frau Köpp, nehmen Sie mir alles weg. Das Haus, den Schmuck, ja selbst die vielen teuren Schuhe, hätte ich doch nur die wahre Liebe!« Und so sitze ich einer ausdrucksstarken Dame gegenüber, von der man meint, sie könne sicherlich jeden um den Finger wickeln und Männer stünden Schlange für ein Rendezvous mit ihr. Sie hatte sich im Leben alles selbst erarbeitet, Karriere gemacht, nie rechnen müssen und sich selbst sowie den engsten Freunden großzügig jeden Wunsch erfüllen können. Sie zählte zu den Kreisen, in denen man erst dann persönliche Daten austauschte, wenn klar war, dass man denselben Designer liebt und gern bei XY seinen Schmuck anfertigen lässt. Und so lud sie mich nun in ihr Haus. Still war es hier. Fast unheimlich still. Ein emotionales Kühlhaus. Die Damen der besseren Gesellschaft kamen schon lange nicht mehr zu Besuch, seit ihr Ehemann verstorben war. Er war es gewesen, der die Hummer- und Champagnerrunden warf, in Saint-Tropez und auch auf Sylt. Das klassische Klischee. Was hatte dieses Zuhause noch mit dieser Frau zu tun? Nichts. Sie arbeitete lange und kam müde an einen Ort, an dem niemand mehr auf sie wartete, an dem man sich längst nicht mehr traf und das Telefon kaum noch klingelte. Hier grüßten nicht einmal die Nachbarn einander. Dieser Dame hätte eine gemütliche Stadtwohnung wahrscheinlich besser getan. Eine heimelige Wohnung, in der sie sich selbst gern empfing und einen Neuanfang wagen konnte. Mitten unter, neben und mit neuen Menschen. Ich wünsche mir sehr, dass sich meine Kundin die vielen Eindrücke und Dialoge des Tages zu Herzen genommen hat. Aber für den Fall, dass sie nicht wegziehen würde, sind wir Gestaltungsmöglichkeiten für alle Räume durchgegangen.

Ein Mann mittleren Alters hatte mich gebucht, weil er seine Wohnung als ausladend und »appetitlos« empfand. Er würde so gern eine Frau zu sich nach Hause holen, »... doch wenn die Atmosphäre fehlt ...«, so seine Worte am Telefon.

Ein-Zimmer-Wohnung, Single-Hochbett, kleine offene Küche. Offene Holzregale mit Aktenordnern so bunt wie Pippi Langstrumpf und so verstaubt wie auf einem alten Dachboden. Und Nippes aus verflossenen Jahrzehnten und Partnerschaften. Nun können wir weder die Wohnung vergrößern noch auf der kleinen Fläche Ess-, Wohn- und Schlafzimmer in einem schaffen. Ich konnte also gar nicht anders, als mit meiner Idee für eine Neugestaltung zu überzeugen, denn glücklicherweise war das Budget dafür vorhanden. Und so wurde ein neues Bett angeschafft (1,40 m) mit Bettkästen für Stauraum, zwei kleine Bretter an der Wand dienten als Nachttischchen und Ablage für Lämpchen, Buch und Kerze. Eine Tagesdecke und drei große Kissen verwandelten das Bett am Tag in ein Sofa, am Fußende stand eine Anrichte auf Rädern, davor ein gemütlicher Sessel. Flur, Küche, Bad wurden einem Neuanstrich unterzogen, Spiegel wurden aufgehängt, jede Wand in frische Farbe getaucht. Die verbeulten Metalljalousien tauschten wir gegen Bastrollos aus, weil sie günstiger als schöne Gardinen waren und den Boden frei ließen; außerdem macht Bast sehr schönes Licht. Stauraum schafften wir im Flur, indem wir zwischen gegenüberliegende Wände ein tiefes Brett einzogen. Kisten, Kartons und Körbe konnten dort Nicht-Alltägliches versteckt halten. Ein paar liebevolle Tipps noch von Frau zu Mann (Bettwäsche & Co.) – und das nächste Date konnte kommen! Am Ende glich das Ergebnis einem gemütlichen Hotelzimmer, das Bett als Mittelpunkt, einladend und stilvoll. Einem Studenten hätte ich vielleicht zum Hochbett geraten, aber über diese Lebensphase war mein Kunde längst hinaus. Ein erstes Treffen würde wohl noch immer eher außerhalb stattfinden, aber die zweite Runde konnte jetzt auf alle Fälle hier eingeläutet werden.

Eine Mutter rief mich an, die Tochter habe keine Freude mehr an ihrem Zimmer. Und dabei sei es doch »sooo schön, und es mangelt auch an nichts!« Behauptet *wer*?

Ich mache mir ein Bild vor Ort und erkenne sehr wohl das liebevolle Händchen der Mutter, was die Einrichtung des Zimmers betrifft. Ein schöner Stil, der sich wie ein roter Faden durch die ganze Wohnung zog. Gleicher Stil, gleiche Ordnung, gleiche Möbelrichtung. Nein, auf den ersten Blick schien alles da, was man zum Wohlfühlen braucht. Was *wer* so braucht? Dann folgt mein zweiter Blick, jetzt mit dem Gefühl für Raum und aus der Sicht des jungen Mädchens betrachtet. Und plötzlich gab es Mangel – oder Mängel. Ich sprach mit der Mutter über ihr eigenes Kinderzimmer aus vergangenen Tagen, wie sich dieses angefühlt und wer es damals eingerichtet hatte. Ihres sei leer gewesen, sie hatte höchstens Abgetragenes von der Schwester übernehmen können. Gespielt habe sie lieber bei Freundinnen, denn dort durfte getobt und Chaos verursacht werden. Hier ging es nun um die Reifestufe vom Kind zum Teenie! Es gab weder eine Kuschel- bzw. Lounge-Ecke für die Freundinnen noch die bunten Poster an der Wand, die für diese Zeit so typisch sind. Die Mutter liebte erdige Farben und hasste Durcheinander. Die Tochter mochte lange schon Lila und Grün, konnte sich aber nicht durchsetzen damit. Ich zog mich mit dem Teenager zurück und ging später mit der Mutter liebevoll ins Gericht. Ich hoffe, dass sie wirklich verstanden hat, wie stolz sie auf ihre Tochter sein darf. Diese fühlte deutlich und konnte sehr wohl formulieren, was ihr guttut (Farben, Emotionen), und wollte so gern ihr eigenes Reich selbst gestalten (Kreativität, Intuition). Das darf nicht untermauert, sondern muss vielmehr unterstützt werden! Ich weiß aus eigener Erfahrung, wie sich die Fußnägel kringeln, wenn wir die Geschmacksentwicklung unserer Kinder kritisch und mit gemischten Gefühlen beäugen müssen. Wir hoffen doch alle darauf, dass die Kinder unseren Geschmack übernehmen, wir sie nach unserer Fasson geprägt haben. Aber je mehr wir uns das wünschen, desto weniger trifft es ein. Und doch ist es gut und richtig, die Kinder ihre eigene Individualität, ihre eigene Persönlichkeit entwickeln zu lassen und sie genau dabei zu unterstützen.

Ein Kinderzimmer ist völlig losgelöst vom Rest der Wohnung. Das Kinderzimmer – eine Wohnung im Kleinformat. Hier ist eine eigene Welt zu Hause, das dürfen wir gern – nein, das müssen wir sogar respektieren und haben es nicht nur zu akzeptieren. Irgendwann ist es einfach vorbei, dass wir für jemand anderen über Möbel und Farben entscheiden. Die Kinder nehmen selbst Einfluss! Haben wir selbst es damals gemocht, uns reinreden zu lassen? Gerade die Pubertät – das Niemandsland unserer Existenz – ist die Zeit, Entdeckungen zu machen. Wer ist man? Wo will man hin? Wie will man sein? Man probiert sich und andere aus, reift heran durch süße und auch bittere Erfahrungen. Alles ist wichtig, denn in diesem Reife- und Wachstumsprozess gibt es viele Stufen. Es geht nicht um unseren eigenen Geschmack, es geht um das Gefühl unserer Kinder. Wurden wir gehemmt in unserer Entwicklung? Die Nabelschnur wird immer ein Stück mehr durchtrennt, was nicht heißt, sich zu verlieren, sondern die Dinge laufen zu lassen. Nähe zu bewahren, obwohl die elterlichen Ketten allmählich gesprengt werden. Und auch wenn sich Geschirr unterm Sofa sammelt – werden Sie zum stillen Beobachter und suchen Sie nicht nach Rechtfertigungen vor anderen, weil Sie sich schämen. Den Kindern zu »helfen«, indem wir für sie aufräumen, ist keine Hilfe. Es hilft nur eins: Augen zu und durch, besonders in der Pubertät! Sobald uns allerdings die ersten Mäuse besuchen, ist es Zeit, zu handeln. Verantwortung nicht nur für sich, sondern auch für andere zu tragen, Rücksichtnahme zu lernen sowie Toleranz zu üben, das sind entscheidende Werkzeuge fürs Leben!

Bei einer Kundin standen auf der breiten Küchenfenster-bank verschiedene unausgepackte kulinarische Leckerei-en. Das Zellophanpapier war schon in Staub getränkt, und das Mindesthaltbarkeitsdatum der Produkte rückte in greifbare Nähe. »Ich mag es, diese Dinge zu betrachten; das waren Geschenke zu meinem Geburtstag. Ich denke gerne an die Menschen, die mir diese Freude machten.« Ein Klassiker, oder? Doch was ist der Zweck des Schenkens? Das Geschenk zu nutzen! Gerade Öle & Co. sind irgendwann abgelaufen, dann müssten sie entsorgt werden oder dienen als fragwürdige Deko und verstopfen Platz, der unseren Haltbarkeiten kaum noch Raum gewährt. Schade um den Genuss der Geschenke! Schade um den Sinn des Geschenks, und letztlich schade um das Geld. »Nutzen Sie die Leckereien zum Verzehr, nicht zum Betrachten. Oder bekochen Sie die Schenkenden. Wenn gerade Leckereien vor sich hin gammeln, wertschätzen wir dann noch?« Nach meiner Beratung wurde der Gabentisch langsam aufgelöst, wobei uns beiden das Wasser im Munde zusammenlief. Schnell wurden auf die Fensterbank schöne Vasen mit Blumen aus dem Geschäft nebenan gestellt. Somit konnten die Vasen in den Schränken wiederum Platz machen für Sachen, die auf der Küchenzeile herumlagen. Ich bin sicher, dass meine Kundin die Idee mit dem Kochevent für ihre Freunde schon bald umgesetzt hat. Sie musste ja auch schnell irgendwohin mit den vielen Leckereien … warum nicht viele Mäuler damit stopfen?

Eine meiner Kundinnen hatte einen Spleen für alte Uhren. »Sie denken sicherlich, ich ticke nicht ganz richtig?« – »Nun ja, keine Ihrer Uhren läuft noch. Verkehrte Zeit.

Stehengebliebene Zeit. Welche Rolle spielt denn *Zeit* in Ihrem Leben?« Meine Frage baute die Brücke zu einem tollen Dialog. Umringt von Zeigern, von Ziffernblättern – fast ein Mahnmal, immer pünktlich zu sein. Niemals die Zeit außer Acht zu lassen. Nie die Kontrolle zu verlieren. Doch dabei gab es keine Zeit, denn die Uhren waren zu unterschiedlichen Zeiten stehengeblieben. Am Ende des Tages blieben von zweiundzwanzig Uhren gerade mal fünf übrig, von denen meine Kundin zwei gleich reparieren lassen wollte – mit dem Geld, das sie vom Verkauf der anderen einnehmen würde.

Wohnen und Leben: eine feste Beziehung

Wir betreten einen Raum. Lediglich ein gemütliches Sofa und ein großes Kunstwerk an der Wand statten ihn aus. Vermissen Sie etwas? Mir persönlich würden nur ein Buch, eine Kerze und sanfte Musik fehlen. Nun stellen wir uns diesen Raum einmal im Zwiebel-Look vor. Voll, übervoll und behängt. Aber was und wie viel benötigt wohl ein Raum? Und was benötigen dessen Bewohner? Der Raum sollte nicht seine Atmosphäre, seine Echtheit, seine Basis verlieren, nicht zugeschnürt, nicht überladen und auch nicht überschminkt wirken. Was macht ein voller Raum mit uns? Er überfordert unser Auge und somit unser Gefühl. Wir können nicht ruhen, und Schätze entdecken wir auch nicht, denn sie verstecken sich ja hinter und unter vielem Unnützen. Während ein Mensch durch

Fülle schon Atemnot und Beklemmungen verspüren kann, empfindet ein anderer dadurch noch große Sicherheit. »Es sollte doch auch bewohnt aussehen, hier leben immerhin Menschen, die Spuren hinterlassen« – eine von zig Erklärungen meiner Kunden.

Doch was bedeutet das genau? Zeigt die Masse Ihnen, dass Sie sich viel leisten können? Ein Sich-wert-Sein ist etwas anderes. Sich wert sein kommt von *innen,* nicht von *außen!* Vielleicht ist tatsächlich jeder Gegenstand für sich allein ein kleiner Schatz, aber alle Schätze zusammen verlieren einander, harmonieren nicht zwingend, weder optisch noch gefühlt. Hätte Fülle doch nur eine Stimme … was mich wiederum daran erinnert, wie gerade etwas fülligere Menschen sich beim Wegwerfen von Ballast auch psychisch »abgespeckter« fühlen. Ein weniger vom Drumherum ist eben mehr – mehr Raumgefühl. Denken wir an überschminkte Gesichter. Die wahre Schönheit eines Gesichts ist kaum noch erkennbar, das Make-up hat nicht unterstrichen und betont, es hat nur übermalt und etwas versteckt. Akzente setzen, Betonungen geben, gut. Aber sich vor einem anderen schämen und erschrecken müssen, sich unwohl und nackt vorkommen, wenn die Maske abends abgenommen wird? Ein von Natur aus schönes Gesicht kann seine Schönheit verlieren, wenn eine Maske die Natürlichkeit zerstört. Von allem zu viel heißt nicht immer, von allem das Beste. Hier ein Lidstrich, ein Konturenstift, noch etwas für das Pölsterchen am Auge, ein bisschen Botox in die Stirn. Dabei gibt es nichts Schöneres als ein echtes Lächeln, ein herzhaftes Lachen, Falten und Narben mit Geschichte sowie Mimik als Ausdruck von Individualität und Persönlichkeit. Warum nur sind Skalpelle so reizvoll? Schnip, schnapp, weg mit dem Alter und her mit der Jugend, die man aber längst nicht mehr verkörpert. Oder schnip, schnapp, fort mit Höcker und Warze. Endlich glücklich. Wirklich? Liegt Glück dann doch im Außen? Wenn Entstellungen, gesundheitliche Einschränkungen das Lebensgefühl angreifen und das Selbstwertgefühl zerstören, dann darf die Schere ran, aber es sollten Ausnahmen bleiben.

Also, freunden Sie sich mit Ihren Räumen an, tragen Sie die Verantwortung für sie, was bedeutet: Kümmern Sie sich um sie und halten Sie sie in Ordnung. Gestalten Sie Ihre Räume, kleiden Sie sie ein, seien Sie Ihr eigener Wohnungs-Typberater. Richten Sie sie her und schmücken Sie sie auch mal für spezielle Anlässe. In Räumen zu leben, das bedeutet Geben und Nehmen. Ihr Raum gibt Ihnen Schutz – und Sie entfernen seinen Schmutz. Sie schützen ihn vor Fülle und Chaos! Wenn Ihnen jemand diesen Schutz nehmen würde, was würden Sie wohl mehr als alles andere ersehnen? Ich bin ganz sicher: ein schönes, eigenes Zuhause! Fragen Sie mal jene, die das Reihenhaus gegen die Straße eintauschen mussten.

Ich mag einen Satz von Mutter Teresa so sehr: »Wenn dich jemand besucht, sollte er dich glücklicher verlassen, als er gekommen ist.« So will auch ich es haben, dankbar für die Zeit mit meinen Gästen.

Nun werden echte Freunde Sie kaum wegen Ihrer Wohung besuchen, außer wenn es gerade bei Ihnen so besonders schön und einladend ist. Woran das wohl liegen mag! Doch rümpfen Freunde auch nicht die Nase über ein bisschen Chaos und Fülle, aber Sie selbst strahlen und fühlen sich wohl, wenn Ihre Wohnung auch Ihre Besucher anstrahlt. Und Sie fühlen sich wohl, wenn die Besucher Ihr Zuhause als einladend wahrnehmen, wenn Sie nicht ohne Stolz Ihr Zuhause präsentieren können. Ob mancher Freund Ihnen sagen würde, dass er Ihr Zuhause eher als vermüllt empfindet? Dass Sie sich Unterstützung holen sollten, um Fülle, Ordnung und Sauberkeit in den Griff zu kriegen?

Ich höre eine Kundin noch sagen: »Ich bin zu stolz, als dass ich damit leben könnte, ein Grund zum Lästern hinter meinem Rücken zu sein; deshalb lade ich auch niemanden mehr zu mir ein.« Auch wenn manche Menschen nicht wahrhaben möchten, dass ihre Wohnung ihr *Ich* widerspiegelt, so ist zumindest ihr Zustand zugleich eine Spiegelung ihrer Verfassung. Der Zustand der Wohnung war mit Sicherheit so nicht geplant, und trotzdem ist es die Summe aus Entscheidungen oder Kontrollverlusten. Niemand zwingt Sie, etwas zu tun oder zu lassen, nur Sie selbst. Aber was wir im Außen neu sortiert bekommen, regt zweifelsfrei den inneren Reinigungsprozess an.

Wohnen und leben stehen also in engem Kontext zueinander. Beides wird sich verändern, wenn dieses Buch Sie motivieren kann, etwas in Gang zu setzen. Energien werden freigesetzt, deren Dosis sich erhöht, je tatkräftiger Sie sind. Leben und Wohnung erwachen aus einer Starre. Denken Sie jetzt ruhig an den »Dornröschenschlaf«. Ein Märchen mit Happy End, wenn wir uns auch keine hundert Jahre Zeit lassen können. Und unser Leben ist nicht immer ein Märchen.

Zunächst muss der komplette »Zwiebel-Look« aus den Räumen weichen. Wenn Sie sich abends in Ihr Bett legen, nackt oder im kleinen Leichten, dann genießen Sie bestimmt das herrlich luftige Gefühl, dass nichts Sie einschnüren oder einengen kann. Der Druck der Kleidung weicht. Und nun entkleiden Sie die Wohnung, und danach kleiden Sie sie ganz neu ein bzw. arrangieren Sie das, was bleiben darf und Ihren Bedürfnissen gerecht wird, neu. Schauen Sie genau hin, was Ihre Räume zum Vorteil kleidet. Was und wo kann kaschiert oder akzentuiert werden? Auch Sie werden darauf achten, was Ihnen gut steht, oder? Freuen Sie sich darauf, Ihre persönliche Visitenkarte zu gestalten. Für sich, Ihre Familie, Ihre Freunde, einen neuen Partner. Sie haben beim Aussortieren eine Entscheidung getroffen: für oder wider einen Gegenstand, der zu viel war, der belastete, der nicht gebraucht wurde, der kaputt war, der nur mittelmäßig und halbherzig gefiel.

Und wer weiß, welche Kreise das Loslassen nach sich zieht, welche Bereiche Sie über die Wohnung hinaus genauer anschauen wollen? Unser ganzes Leben ist voller Spiegel – abhängen oder hineinschauen? Wegschauen oder wahrnehmen?

Aufgeräumt leben – ganz praktisch

»Fange nie an, aufzuhören,
und höre nie auf, anzufangen.«
Cicero

Im Bücherregal

Als Autorin liebe ich Bücher, wohne ich mit Büchern, bin stets auf der Suche nach den besten, um sie meinen Töchtern eines Tages als meinen persönlichen »Spiegel« zu zeigen und zu hinterlassen. Wer war ich? Was hat mich geprägt? Sie sollen erfahren, welche Literatur mich berührt und beeinflusst hat. Aber ich bin auch eine kritische und anspruchsvolle Leserin. Ich verbringe gerne Zeit in Buchhandlungen, schmökere mich durch diverse Bücher, die ich intuitiv aus den Regalen ziehe. Nach nur wenigen Absätzen entscheide ich mich dafür oder dagegen. Es ist diese Liebe auf den ersten Blick, auf ein paar erste Zeilen. Und es ist nicht anders als bei Menschen, die man trifft: kurz scannen, Bauch und Kopf befragen und dann zulassen, mitnehmen oder ziehen lassen. Für mich sind Bücher Begleiter, Wegweiser, stille Freunde und Führer. Bücher sprechen zu mir, sprechen mich an oder eben auch an mir vorbei. Sie treffen mich mitten ins Herz oder in den Verstand, ober sie lassen mich kalt. Da ich eher schlanke Werke liebe, beende ich schneller, was überschaubarer für mich ist, weil ich den Zeitaufwand besser einschätzen kann. Ich habe mitunter Mitleid mit dicken Wälzern, weil den meisten Menschen eigentlich die Zeit fehlt, bis zum Ende durchzuhalten. Nur die dicken Interieur-Schinken könnte ich reihenweise auffressen! Durch sie entzünden sich neue Ideen – und obendrein sind sie noch Deko, besonders jene, hinter deren Schutzumschlägen sich wundervoll unifarbenes Leinen versteckt. Mindestens einmal im Jahr geht's bei meinen Bücherregalen rund. Ich lasse mir viel Zeit für diese Inventur. Es ist eine Reise, ich schalte ab und lasse mich treiben, was auch immer in mir hochkommt. Die einen reisen danach weiter durch mein Leben, die anderen lasse ich ziehen. Ich weiß schnell, welche Bücher ich nicht mehr besitzen, geschweige denn zur Hand nehmen oder gar empfehlen möchte. Manche sind zerschlissen, haben keinen Spaß gemacht, wurden aus Langeweile nicht zu Ende gelesen, manche empfindet man schon durch die negativen Titel (i. d. R. Ratgeber) als unangenehm und nicht länger passend, um sie in seiner Nähe zu haben. Und dann gibt es noch Bücher, für die ich mich heute sogar schämen würde, weil sie den Eindruck erwecken, ich habe mich nicht weiterentwickelt. Weg damit! Bücher beseelen uns *und* unsere Räume, steckt doch in jedem Buch die Seele eines Autors. Seien Sie kritisch, es werden ja noch Bücher auf Sie zukommen, und wo sollen die landen, wenn das Regal voll und die Bücher schon in zweiter Reihe quer statt geordnet hochkant stehen müssen? Vielleicht lesen Sie in Zukunft E-Books? Ich persönlich bevorzuge weiterhin die Haptik, ich muss berühren und anfassen, aufschlagen, zuklappen, einknicken können. Und sind es alte Bücher, rieche ich an ihnen. Vor allem aber arbeite ich gern mit Büchern. Ich will hineinschreiben, unterstreichen, Randbemerkungen machen. Kaufe ich ein Buch, notiere ich ganz vorn das Kaufdatum, weil es mir beim späteren Aufschlagen zeigt, in welcher Lebensphase mich dieses Buch begleitete.

Mit einem Kunden habe ich einmal derart viele Bücher losgelassen, dass wir mit dem, was blieb, eine übersichtliche Themen-Bibliothek schaffen konnten. Heute greift der Kunde viel lieber und sogar öfter in sein Buchregal, wie er mir schrieb. Es leben die kurzen und schnellen Inspirationen im Vorbeigehen! Und wohin mit den Aussortierten? Verkaufen oder tauschen Sie auf Bücherplattformen Ihren Bestand. Dort erzielen Sie ohnehin und auf einen Schlag höhere Preise als auf den meisten Flohmärkten, zu denen Sie erst die schweren Kisten hin- und zurückschleppen müssen. Sie können Bücher auch spenden und verschenken; die vielen kleinen öffentlichen Bibliotheken sind manchmal dankbar dafür, ihren Bestand aufstocken zu können. Vielleicht legen Sie auch mal ein Buch in Ihrem Hausflur ab? Irgendein Nachbar oder Besucher wird schon zugreifen und sich sehr darüber freuen. Oder Ihnen kommt bei einem Buch ein Freund in den Sinn? Das Sortieren nach Farben – wie in einem meiner TV-Beiträge geschehen – lohnt sich nur bei einem übersichtlichen Bestand. Bei ganzen Bibliotheken, in großen Lesesälen, wäre diese Farbenordnung grotesk, auch wenn es optisch ruhiger wirkte. Woran erinnern Sie sich leichter, an die Farbe eines Buches oder an seinen Titel?

Und was die vielen Reiseführer angeht – sind Sie sicher, dass die Infos aktuell sind, wenn Sie das Ziel eines Tages erneut ansteuern? Wieso bin ich sicher, dass Sie sich zusätzlich auch über das Internet auf Ihre Reise vorbereiten?

Sollte jedoch für Sie ein Loslassen hier nicht in Frage kommen, dann verstauen Sie die Exemplare doch in schicken Reisekisten oder Körben, denn zur Hand nehmen müssen sie die nun wirklich nur alle paar Abstände lang! Und wenn Sie diese Bücher nur deshalb nicht entsorgen, weil diese für Sie Erinnerung sind, dann frage ich mich, ob Sie nicht fotografiert haben? Wenn Sie daraus einen eigenen Reiseführer zusammenstellen, ist der zumindest einmalig!

Nun können wir das gleiche Prozedere auf CD- und DVD-Sammlungen übertragen, auf Briefe, Strümpfe, Unterwäsche – die Liste ist lang. Trennen Sie die Spreu vom Weizen, die Lieblingsstücke von den Raumhütern. Und auch hier gilt wieder: Was du hast, sollst du lieben, denn es kann sich ungewollt vermehren! Kompromisse und Halbherzigkeiten waren gestern!

Im Kleiderschrank

Ich freue mich, wenn meine Kundinnen mir die Türen zu ihrem weiblichen Schlaraffenland öffnen: zu ihren Kleiderschränken! Ein oft gesehenes Bild ist auch hier wieder Unordnung, Fülle, Strukturlosigkeit, Drahtbügel, Farbenchaos, Mief. Ein Model, das ich kenne, riet mir mal vor vielen Jahren: »Habe eine gute Basis! Habe höchstens 15 Dinge in deinem Schrank, aber die von top Qualität!« Klar! Verstanden! Wo Frauen doch Kleider so lieben. Und Schuhe. Und Taschen. Und Schmuck. Als ich den Schrank des Models bestaunte, war ich neidisch und hätte meinen sofort gegen ihren tauschen wollen. Alles hing so fein ordentlich und anscheinend zweckmäßig auf Bügeln aus Holz oder Samt. Wie gern ich mich morgens mal an so einem Schrank bedient hätte, auch um schneller Kombinationen zu entdecken, ohne Qual der Wahl. Glücklich, wer sich einen kleinen Showroom einrichten kann. Ob Frau es damit allerdings wirklich einfacher hat, das sei dahingestellt. Im Schrank des Models hing eine Pinnwand mit Fotos von Kombinationen für unterschiedliche Anlässe. Dieser Schrank hatte mich nahezu verzaubert und Spuren bei mir hinterlassen, dass – kaum zu Hause angekommen – mein eigener Schrank Opfer eines Überfalls wurde. Ich holte alle Kleidung heraus und stopfte alles einmal komplett in die Waschmaschine, obwohl es nicht schmutzig war. Aber Frischwäsche duftet so herrlich. Ich putzte die Schrankwände von innen und außen und befreite den Boden von Staubflöckchen. Am nächsten Tag hängte ich nur noch zurück, was ich kompromisslos leiden mochte. Endlich hatte jedes Kleidungsstück mehr Platz, und ich konnte auch neue Kombinationen finden, weil ich alles komplett anders zurückgehängt und damit die gewohnte Ordnung durchbrochen hatte. Sehr interessant, wie anders ein Pulli plötzlich wirkt, der uns auf einmal aus der linken Ecke anstrahlt, statt wie gewohnt aus der rechten. Und auch auf anderen Bügeln und neben anderen Kleidungsnachbarn wirken Sachen anders. Sie werden ganz sicher die gleiche Erfahrung machen – und ich beneidete Sie, hätte ich es nicht längst selbst erlebt!

Auf zu einem Gedankenspiel: Wir verreisen für zwei Wochen. Und wir leben aus nur einem Koffer, müssen also kombinieren wie die Weltmeister. Sie kennen das doch, wir kennen das wohl alle, die wir unseren Koffer für den Urlaub packen. Hat es Sie je gestört, nur einen Koffer zur Auswahl zu haben? Höchstens eine falsche Wahl hat dann gestört, aber weniger die Menge, oder? Und wir bestaunen die neuen Arrangements, die uns zu Hause niemals eingefallen wären. Und nach dem Urlaub? Wir stehen uns vorm Schrank die Fersen platt, weil wir die Qual der Wahl beim Tagesoutfit haben.

Selbst meine Tochter kennt das schon; deshalb bitte ich sie, abends bereits ihre Sachen rauszulegen oder sich im Bett zumindest gedanklich kurz eine Kombi zu überlegen. Alles andere kostet gerade morgens nicht nur wertvolle Zeit, es kostet die berühmten Nerven. Der Schrank – zu voll. Ich weiß, dass eine Handvoll gute Kleidung ausreichend sein kann. Zehn Teile aus hochwertiger Qualität, nicht hundert von minderer. Die richtigen Basics, und wir punkten zu jedem Anlass! Und so bin auch ich mittlerweile zum kreativen Designer geworden, weil ich nichts mehr haben muss, was ich nicht trage. Brauchen wir zwanzig weiße T-Shirts, wenn die Waschmaschine ohnehin fast täglich läuft? Wie viele Tage kann ich mühelos mit täglich wechselnden Shirts überstehen? Und trotzdem tue ich das nicht! Am Ende sind es immer dieselben, die nicht oder immer wieder zum Einsatz kommen. Und was nun rausfällt, wird schön aufgeteilt: unter Freunden, auf Flohmärkten, Verkaufsportalen, Kleiderkammern usw.! Sie meinen, der Preis der Anschaffung sei ein Argument? *Nein!* Wir zahlen einen viel höheren Preis dafür, dass wir den Platzmangel verfluchen und uns der vielen Frustkäufe gewahr werden. Wir verlieren den Überblick, wir müssen wühlen, kramen, suchen. Es liegt in der Natur, dass Frauen viel Garderobe haben? Bedingt falsch, denn mit dem Alter wächst auch der Anspruch an diese. Qualität statt Quantität. Für viele sinnlose Kleider hätten wir uns ein wertvolles Stück kaufen können.

Testen Sie es mal! Ich bin ja immer Zeuge, wie nach Rechtfertigungen gesucht wird – und am Ende steht meist Scham, zur Wegwerfgesellschaft zu gehören, wenn die Müllsäcke gepackt sind. Stopp! Ich selbst reduzierte nach der Model-Schrank-Begegnung den Inhalt meines eigenen Schrankes. Ich durchwühlte meinen Schmuck, meine Tücher, meine Mützen, meine Gürtel, meine Taschen. Ich warf weg und verschenkte. Ich bin vierundvierzig Jahre alt, ich möchte keine Lederimitate mehr, ich bin ja selbst auch kein Plagiat. Ich bin erwachsen. Ich bin groß. Ich will Originale, meinetwegen auch gebrauchte. Schluss mit billig, ich will exklusiv. Und ich will ab heute auch mal einen Schuh von Prada tragen, den mir meine Freundin seit Jahren schon ans Herz legt. Massenware und Billigkatalog waren gestern! Heute ist Edelsecondhand oder Ebay-Design. Nein, ich brauche keinen Stolz, der mir verbietet, das aufzutragen, was feine Damen aussortieren. Außerdem bessere ich die Konten von Menschen auf, die es vielleicht gerade nötig haben, so wie ich gerade schöne Kleidung nötig habe. Und zur Konsumgesellschaft gehöre ich ja nur bedingt, denn ich trage doch bereits Gekauftes einfach weiter. Und wenn ich selbst mal wieder ein Stück weniger im Schrank und dafür einen Taler mehr in der Kasse haben will, dann steige auch ich bei einem der zahlreichen Verkaufsportale ein.

Eines Tages zog ich meine komplette Garderobe aus

dem Schrank und bat meinen damaligen Freund, Zuschauer meiner kleinen Modenschau zu werden. Ich bat ihn, ganz ehrlich, aus der Sicht eines Mannes und mit Testosteron im Blut, ein Veto einzulegen, sobald mich ein Teil weder figürlich, noch fraulich, noch attraktiv erscheinen ließ. Ich trennte mich von meinen Drahtbügeln, denn mir war klar, auch Kleider haben ihren Stolz. Dann hängte ich Lavendelsäckchen an die Kleiderstange. Nun habe ich einen Schrank von 1904, den meine Urgroßmutter schon benutzte – viel Nostalgie, wenig Innenraum, doch sehr robust. An jenem Abend, nach jener Ausmistaktion, glänzte und duftete mein Schrank von innen und außen! Und ich bin sicher, könnte er nur zu mir sprechen, hätte er sich sicherlich bei mir bedankt! »Ich platzte schon aus allen Nähten!« Nun habe ich Uromis Kleiderschrank wieder lieb, und nicht nur, weil er ohnehin ein Individuum ist.

Und wie verbügeln Sie Ihre Kleidung? Klar sind Drahtbügel platzsparend, aber sie erinnern auch an Wäschereien. Was nach dem Aussortieren bleiben darf, wird neu sortiert: nach Themen, Kombinationen oder Farben. Haben Sie mal die perfekte Kombi gefunden, dann notieren Sie sie oder kleben ein Foto davon an die Schrankinnenwand. Sie haben viele Schuhe? In welchem Zustand? Wie wäre es mit edlen Kartons (fragen Sie mal in Designerläden nach)? Kleine Duftkissen rein und ein Foto der Treter aufkleben. So lassen sich gut Türmchen bauen, zuunterst stehen jene Schuhe, die kaum alltagstauglich sind oder nicht zur aktuellen Jahreszeit passen. Offen im Raum bekommt das Ganze noch den Hauch von Sex & the City, wenn an den

Wänden zusätzlich schicke Kleiderhaken und edle Einkaufstüten namhafter Designer hängen. Mein neuester Trend: alte Botten ansprühen – experimentieren Sie doch auch einmal mit alten Tretern und versprühen Sie sie jeden Monat neu, Sie haben gar nichts zu verlieren, im Gegenteil! Meine letzten beigen sind nun silberfarben und ein Hingucker zu jeder Jahreszeit, wobei sie eigentlich doch schon das Zeitliche gesegnet hatten!

Die Begeisterung für Kleiderschränke ist bei mir als Frau natürlich angeboren. Faszination und Neugierde klatschen bereits in die Hände, wenn die Kundinnen nur auf den Schrank zusteuern. So viel Vertrauen wird nur noch getoppt durch die Bitte an mich, sich auch die Lingerie mal anzusehen. Sexy und verführerisch? Langweilig und verwaschen? Ja, auch so was kommt mal vor, ich arbeite eben unkonventionell. Wo Bedarf ist, entscheidet der Kunde, wenn ich ihn nicht direkt darauf stoßen muss. Ich kenne weder Tabus, noch schockieren mich Lebensgeschichten. Und bei mir darf gelacht, geweint, geflucht werden. Und was immer ich erfahren darf, ich bleibe wertfrei, tolerant, verschwiegen – die ersten drei Gebote!

Wenn Sie heute Abend Ihren Kleiderschrank öffnen, klingt das Gelesene bestimmt noch nach. Und dann tun Sie, was Tausende schon hinter sich, doch viele auch noch vor sich haben: Holen Sie mit großem Schwung alles von der Stange und werfen Sie es aufs Bett. Staunen Sie über das Volumen des Schrankes. Und staunen Sie über das Volumen des Kleiderbergs. Nun stellen Sie sich vor, Ihr Auftrag sei die Gestaltung der Auslage ihrer eigenen kleinen Boutique. Was passt wozu und welche Farben harmonieren miteinander? Entdecken Sie völlig neue Arrangements.

Haben Sie die Möglichkeit, saisonal zu trennen? Gibt es einen Keller, einen Dachboden oder einen Platz für hübsche Kleiderkartons auf oder neben dem Schrank? Staunen Sie über Verlorengeglaubtes, über Eingelaufenes und auch über Zerschlissenes. Und nach dem Staunen kommt das Handeln. Und on top empfehle ich noch gern den »Kleidertausch« mit Freundinnen, denn jede kann ein Lied von alldem singen. Schaffen Sie Platz im Wohnzimmer und werfen Sie Kleidung und Accessoires auf den Boden. Und dann legen Sie los mit dem »Tausch-Shoppen«. Interessante Alternative für die völlig Verzweifelten und Uninspirierten unter Ihnen: Buchen Sie für ein paar Stunden einen Typberater, der Sie bei der Aktion begleitet und ins Staunen versetzt, wie man sich mit anderen Augen neu betrachten und auch kleiden kann.

Zeit, um kurz innezuhalten: Denken Sie gerade, Sie brauchen aber alles, was bei Ihnen hängt? Wenn nicht jetzt, dann vielleicht eines Tages wieder? Wie viele Tage hat ein Jahr, wie viel Kleidung hat Ihr Schrank? Nur weil alles reinpasst – luftig oder gequetscht – stört Sie die Fülle nicht? Und überhaupt … welche Bedeutung hat der Begriff »brauchen« eigentlich für Sie?

In Familienhaushalten läuft die Waschmaschine in der Regel täglich, bei Singles vielleicht nur zweimal die Woche. Was wir waschen, legen wir nach dem Trocknen wieder oben oder vorn in den Schrank. Und die Sachen ganz unten und hinten? Wie viel Zeit wird benötigt, um den kompletten Schrankinhalt einmal anzuziehen? Schon wieder kocht in mir das Mitleid mit den Schrankhütern hoch.

Nachdem Sie Schrank und Inhalt Beachtung geschenkt haben, treffen Sie die berühmte Entscheidung … sich zu scheiden … zugunsten einer Freundin (Geschenk), Ihres Kontos (Verkauf) und Ihrer Nerven (Zeitersparnis).

Für einen Moment spüren wir Erleichterung, beim Blick in den Schrank und auf den Kleiderhaufen. Erleichterung ist Leichtigkeit, ist leicht sein. Und trotzdem kann die ganze Sache noch mal kippen, und Sie sortieren das eine oder andere Teil wieder zurück. »Es hat doch nur ein kleines Loch! Es war doch der Lieblingspulli vom Ex! Und die Bluse, sie wird sicher wieder sehr modern! Die Taschen – sie waren doch Geschenke von der Freundin oder Tante! Was hat das alles mal gekostet!« Es wimmelt in der Luft vor Euronoten. Der Erfolg von eben scheint wie aufgehoben. Hurra, das alte Muster ist zurück! Stagnation ist einfacher, gewohnter, vertrauter. Und immer wieder diese Sache mit dem Gewissen und der Wegwerfgesellschaft! Nun gut, immer noch besser, als ständig der Kaufrausch-Spezies anzugehören, oder?

An der Schwelle

Das Zuhause beginnt schon vor der Haustür. Die Schwelle ist ein Teil des Schlaraffenlandes, das sich dahinter öffnen wird. Hier beginnt der erste Eindruck. Manchmal nur im Vorübergehen, bei einem Spaziergang, wenn es sich um ein Haus, ein Restaurant, ein Geschäft handelt, das wir passieren. Und wie oft schießen einem sofort Bilder in den

Kopf, öffnet sich unser Schubladendenken, wenn unser Blick Eingangstür oder Vorgarten streift. Ich selbst möchte manchmal anhalten, innehalten, aussteigen, anklopfen und Verbesserungsvorschläge abliefern. Das Haus kann man schon vor der Tür ganz liebevoll gestalten, weil sich sogar Fremde fröhlich fühlen, wenn sie Liebevolles und Einladendes erblicken. Ein kleines Bänkchen vor der Tür, große Steintöpfe, eine saubere Fußmatte, ein dekoratives Willkommensschild, ein Kranz vorm Fenster, eine Laterne … die virtuellen Kataloge bieten eine Menge Inspirationen allein für diesen Bereich.

Haben Sie dem Außen Ihres Zuhauses bisher weniger Aufmerksamkeit geschenkt, weil Sie meinen, man halte sich dort weniger auf, und weil Sie der Ansicht sind, das Zuhause beginne für Sie erst *hinter* der Haustür? Doch Außenwerbung ist nicht nur ein Thema für Gewerbetreibende! Wie viele Menschen ziehen an Ihnen vorbei, wie oft kehren Sie, Ihre Familie oder gar Besucher am Tag bei Ihnen ein? Es lohnt sich immer, wenn schon durch den Anblick allein Freude aufs Zuhause aufkommt! Sparsamkeit und Ignoranz sind hier am falschen Platz. Mit seinem Zuhause sollte man nicht geizen, es geizt auch nicht mit uns. Es ist ja schließlich immer für uns da, erwartet uns tagein, tagaus. Außerdem sollte Geld auch deshalb kein Argument sein, weil man vieles sehr gut selbst machen oder günstig gebraucht kaufen kann. Blicken Sie in Einrichtungsbücher oder stöbern Sie in virtuellen Welten, die genügend Inspirationen für Sie bereithalten.

Im Flur

Herzlich willkommen! Das steht auf vielen Fußmatten. Bloß eine Floskel, die man im wahrsten Sinne des Wortes mit Füßen tritt? Spätestens im Flur empfinden wir als Besucher Sympathie, Antipathie oder Gleichgültigkeit. Da Gleichgültigkeit gegenüber Räumen in meiner Arbeit keine Berechtigung hat, beginnt mein Auftrag spätestens hier. Was ist das Erste, was wir sehen? Wie einladend ist der Flur, und wie viel Lust auf weitere Eindrücke macht er? Welche Gerücheküche entfaltet sich hier? Gibt es die offene Garderobe, wo Jackenärmel uns schnell in die Quere kommen? Wartet der Hausmüll darauf, hinausgebracht zu werden, oder die Leergutkiste, die in den Supermarkt gehört? Hier ein kleiner Überblick klassischer Wiederholungen: Kommoden, die unter Nippes ersticken, Spiegel, in denen sich nichts anderes spiegelt als überfüllte Kleiderhaken, die in Kürze aus der Wand schießen werden. Klar, viele Flure sind klein, werden kaum als Raum wahrgenommen. Welches Thema könnte Ihr Flur haben oder sein? Er begrüßt Bewohner und Gäste des Hauses. Wie aufgeräumt, begrüßend und einladend zeigt er sich? Trauen Sie sich zu, mutig in der Gestaltung zu sein, sich auszutoben, Ideen, mit denen Sie schon länger schwanger gehen, endlich umzusetzen! Streichen (nicht wischen) Sie Farbe an die Wand oder verkleben Sie Tapeten. Sie können auch eine Galerie mit kleinen Kunstwerken Ihrer Kinder, erste Briefe, Gedichte, Gesichter, leere Rahmen, Wünsche, Worte oder unterschiedlich alte Spiegel und kleine Leinwände anbringen. Oder aber Sie rahmen Ihre Träume,

Ziele und Visionen ein, womit sich der Flur als Mood-und-Vision-Board oder Museumszimmer Ihres Lebens darstellt. Magnet- oder Kreidetafeln sind schöne Alternativen. Zeigen Sie, was Sie bewegt, was Ihre Person und Ihr Leben ausmacht und geprägt hat. Etwas, das Sie täglich gern beschauen und woran Sie sich kaum sattsehen können. Vielleicht kleben Sie hinter Passepartouts kleine Gegenstände mit besonders tiefer Bedeutung.

Noch eine Anmerkung zu Bildern: Rahmen aus schwedischen Möbelhäusern sind okay, aber den Bildern von dort sollten Sie widerstehen können, sie finden sich in Massen in Millionen anderer Wohnungen. Stöbern Sie lieber im Internet, in Postergalerien und in Tapetenkellern. Rahmen Sie Stoffe, Blüten, Anekdoten ein. Schnappschüsse vom letzten Urlaub sollten Sie eher meiden, weil Collagen sehr wild und unruhig wirken, daher lieber in ein schönes Album kleben oder Angebote für Online-Fotobücher nutzen.

Eine weitere Idee zur öden Tristesse eines Durchschnittsflures: den unteren Bereich der Wand, etwa drei Viertel, in einem dunkleren Ton streichen. Darüber eine Stuckleiste anbringen und wiederum darüber, was immer Sie möchten: Spiegel, Haken, Bilder oder einfach nichts. Sollte Ihnen ein neuer Anstrich gefallen, vergessen Sie nicht: Farben wirken! Intuition ist gut, Wissen ist besser. Finden Sie heraus, welche Farbe etwas bei Ihnen auslösen kann. Rot ist Feuer, ist dynamisch und wirkt auf Dauer oftmals aggressiv, Blau hingegen wirkt beruhigend … Vielleicht kann ein Feng-Shui-Berater Ihnen tolle Dienste leisten, weil er alle vier Elemente in seine Berechnungen miteinbezieht.

Sehr edel, gerade bei hohen Decken, empfinde ich persönlich Schwarz-Weiß-Gesichter, alte, junge, unbekannte wie bekannte, edle Fotografien. Auch als Wandfarbe ist Schwarz auf der einen Seite edel, wirkt auf der anderen jedoch beengend. Ich habe wunderschöne Flure in Schwarz-Weiß gesehen. Von einer hohen Decke hängt vielleicht ein Kronleuchter herunter, bei einer niedrigen sorgen eingelassene LED-Lämpchen für einen indirekten Sternenhimmel, wenn man die Möglichkeit des Dimmens hat.

Ist die Wohnung eher klein, wirkt sie nicht deshalb noch kleiner, nur weil Sie einen dunkleren Ton an die Wände bringen. Farbe sorgt für Stimmungen. Wichtig ist nur, dass der Flur nicht als »Garagenplatz« misshandelt wird, nicht als Ablage- und Fundstelle. Lieber soll er übersichtlich und erlebnisreich sein, eher ein »wow« (neues Gesicht) als ein »oooh« (Fülle, Langeweile) erzeugen. Ihr Flur kann so viel bieten, nehmen Sie sich doch Zeit für ihn und lassen Sie sich ganz auf ihn ein. Er soll nicht mehr nur flüchtiger Übergang zum Wohnzimmer und dem Rest der Wohnung sein. Wenn Sie Ihrem Flur ein Thema geben und ihn entsprechend gestalten, vergrößert sich die Wohnung um einen Raum. Je mutiger und ideenreicher Sie sich austoben, desto spannender und einladender wird der Flur. Gestaltungsmut ist hier in Ordnung, weil wir im Flur ja nicht verweilen, uns nicht hier niederlassen. Nutzen und gestalten Sie also die Wandflächen. Und wenn Sie es schlicht wollen, dann reicht eine ungewöhnliche Tapete im Rahmen, oder Sie besorgen sich nicht zu tiefe Regale und verbauen die Wände mit Bücherregalen, was den Charakter als Wohnzimmer nur noch unterstreicht.

Was Schuhe und Kleidung angeht: Geschlossene Schuhschränke sind eigentlich ein Muss, wohin denn sonst mit den Tretern? Eine kleine Holztruhe als Bänkchen für die Kinder, als hübscher Blickfang und natürlich als zusätzlicher Stauraum ist ebenfalls eine sinnvolle Anschaffung, wenn die Maße es zulassen. Und vielleicht ziehen Sie noch ein sehr tiefes Regal zwischen die gegenüberliegenden Wände, auf das Sie Weidenkörbe oder schicke Schachteln und Kartons stellen – so bleibt auch sinnvolles, eher sporadisch genutztes Allerlei schick verstaut. Hauptsache, der Boden wird freier und kann wieder atmen. Und vielleicht macht sich ein Läufer oder gar ein Kuhfell gut? Bleibt nur noch das Thema Leergut: Warum nur müssen Flure überhaupt als Parkstation dienen, wenn doch Ihr Auto einen Kofferraum hat? Und warum nicht mal umstellen auf Sodamaschinen? Das schont Platz und Geldbeutel. Warum, warum … noch keine Antwort gefunden? Dann machen Sie sich auf die Suche!

In der Küche

Hier duftet es, hier ist es warm – weshalb die Küche ein Magnet für Menschen mit Lust auf Gemütlichkeit, Geselligkeit, Gerüche ist. Hier drängeln sich die Menschen gern um Herd und Spüle, selbst wenn nebenan viel mehr Platz ist. Glücklich der, der eine Großküche sein Eigen nennt, wodurch das Wohnzimmer schon mal aus der Poleposition verdrängt wird. Ein Tisch lädt ein zum Klönen, das Fenster dazu, um den Blick in die Ferne schweifen zu lassen. Küchen dürfen vieles sein: holzig, lackig, bunt, dunkel, edel, chabby. Farben bringen Ausdruck und betonen, aber unabhängig von der Richtung, die Sie persönlich bevorzugen – eines sollte die Küche immer sein: sauber! Und der Rest? Wie viel gibt es vom Rest um Sie herum? Wie gut haben Sie Brauchbares, Schönes, Sinnvolles und Geliebtes versteckt oder offengelegt? Mein Motto: Plastik rein in die Schränke, Porzellan raus aus ihnen. Bunter Kleinkram rein, schlichte Schönheiten raus. Schauen Sie gleich nach, auf welche Küchenwerkzeuge und Utensilien Sie seit langem schon verzichten, aber wertvollen Platz für sie opfern. Was muss bleiben? Was ist doppelt? Ersticken unzählige Plastiktüten unter der Spüle? Wie viele brauchen Sie? Sie könnten sich angewöhnen, zum Einkaufen schöne Beutel zu verwenden, das ehrt auch die Umwelt. Wie sieht es in den Hängeschränken aus? Sind Sie zum Meister des Stapelns geworden und haben aus Dosen und Verpackungen Türmchen gebaut? Aus Angst, die Kreationen könnten in sich zusammenbrechen und alles Weitere mit in die Tiefe reißen, schauen Sie hier nur widerwillig nach und kaufen lieber immer wieder neu, statt aufzubrauchen? Und so stauben die Dinge vor sich hin, verkleben, verklumpen und versauern.

Bis jetzt! Jetzt will ich's wissen: Was ist alles abgelaufen, was so gut wie leer? Holen Sie alles aus den Schränken und lassen Sie die Möbel erst einmal durchatmen! Was bleibt, wird neu arrangiert, auf frisch ausgewischten Böden. Kleinkram landet am besten in kleinen (Plastik-)Körbchen, die man jederzeit und ohne Komplikationen herausziehen kann. Haben Sie vergessen, welche Farbe Ihr Kühlschrank hat, weil er mit Bons, Tickets, Schmier-

zetteln, Einkaufslisten, Terminen, Visitenkarten, Urlaubs-
grüßen und Spruchmagneten maskiert wurde? Schaffen
Sie mehr Ruhe und kaufen Sie Utensilien, die auch gefallen – das Auge wohnt immer mit!

Unruhe vorm Auge kann für Unruhe im Kopf sorgen,
wir sind doch bereits voll mit Eindrücken aus der Außenwelt. Wie wäre es mit einer alten Kreidetafel für die Stich-
worte der Woche? Oder mit einem Haushaltsbuch, das
die Zettelwirtschaft ablösen kann? Oder basteln Sie Ihren
Familienplaner doch mal selbst. Vielleicht gefallen Ihnen
Uromas Rezepte, kopiert und vergrößert und eingerahmt
neben- und untereinander als Galerie an der Wand. Müssen
die Oberschränke der alten Küche überhaupt noch sein,
oder könnten Sie sie auflösen, abhängen, nachdem Sie sich
auf das Notwendigste beschränkt und umverteilt haben?
Vielleicht ersetzen tiefe schöne Regalbretter die Wand für
einheitliche Aufbewahrungshälter? Vielleicht gefallen Ihnen an der leeren Wand nach einem Neuanstrich Poster-
Szenen von Straßencafés, Ausschnitte von Köchen in Aktion, eigene alte Kinderfotos von sich als »Naschkatze«,
alte Filmplakate, Fototapeten. Zaubern Sie Atmosphäre in
Ihre Küche! Sie wollen nicht streichen? Dann tapezieren
Sie – oder besprühen Sie »billige« Küchenschränke mit
Tafelfolie, auf die Sie Einkaufslisten, Rezepte oder Ihr
Motto des Tages schreiben. Holen Sie Kartoffeln, Obst,
Zwiebeln, Knoblauch und Zucchini aus den Netzen und
richten Sie sie in Schalen oder Körben an. Und bringen Sie
ein Raff- oder Bastrollo vorm Fenster an, vielleicht auch
eine halbhohe Spitzengardine, die Sichtschutz bietet und
heimelig wirkt. Stellen Sie Kräutertöpfe auf – wie das duftet und den kleinen Gemüsegarten ersetzt!

Schluss mit rappelvollen Schrankinhalten, wo sich aufgerissene Nudelpakete zwischen Keksdosen, zerknitterten Teeboxen und abgelaufenen Tütensuppen stapeln. Wenn ich es nicht besser wüsste, könnte ich sie schreien hören, weil die es alle ziemlich unbequem haben. Wir werden vielleicht immer besser im Stapeln, aber ohne neue Struktur fällt jeder noch so schöne Stapel irgendwann in sich zusammen. Wie wundervoll, wenn endlich *in* den Schränken Übersicht herrscht. Alles griffbereit zu haben, und das noch auf einen Blick, das müsste ein erstrebenswertes Ziel sein.

Ich erinnere mich noch gut an einen meiner ersten Einsätze, bei dem wir allein aus der kleinen Küche zwei volle Müllsäcke schleppten. Inhalt: Abgelaufenes, Verklebtes, Leeres, Doppeltes, Kaputtes, Unnützes. Wenn ich Küche schreibe, meine ich auch wirklich alle Ober- und Unterschränke, alle Schubladen, Kühlschrank, Gefriertruhe, Fensterbank. Können Sie in der heutigen Zeit, in der uns ständig eingeflüstert wird, was wir alles brauchen, weil es die Arbeitsabläufe enorm erleichtern soll, noch zwischen Konsum und Effizienz unterscheiden? Wer braucht zwei Nudelsiebe, drei Teekannen, vier Schneebesen? Und das Putzzeug unter der Spüle, für jeden Knopf und jede Fläche das eigene Mittelchen, da gilt es ebenfalls zu reduzieren. Theoretisch reichen schon Spüli und Shampoo im Haushalt. In einer Hütte im Wald kämen Sie mit noch viel weniger zurecht. Lernen Sie, neuesten Produkten zu widerstehen, die suggerieren, sauberere Ergebnisse zu erzielen als noch vor Jahren – was müssen wir schmutzig gewesen sein! Ab heute brauchen Sie mal alles auf, versprochen?

Im Wohnzimmer

Das Wohnzimmer bildet wie das Kinderzimmer oft eine Wohnung im Kleinformat. Das Zentrum des Hauses. Hier verweilt man in der Regel am längsten und häufigsten, hier kommt die Familie zusammen, empfängt man Freunde und Bekannte, präsentiert man sein gesamtes Heim. Das Wohnzimmer ist das Herzstück, in dem viele Bedürfnisse befriedigt und viele Habseligkeiten untergebracht, gezeigt, genutzt, gesammelt werden. Und doch ersticken gerade hier die Möbel. Vieles richtet sich nach dem Fernseher: Wo er steht, baut man drum herum. Und oft ist das die erste Frage: Wo nur wird er stehen? Ein Wohnzimmer braucht im Kern eine Sitzgruppe, ein einzelnes Sofa lädt noch nicht zur Kommunikation ein, weil es ein Gegenüber braucht – eine L-Form reicht schon aus, oder ein Hocker vis-à-vis. Couchtische kommen langsam aus der Mode, man wählt oft einzelne Quader, an jeder Sofaecke, oder man baut sich aus Paletten einen Tisch, oder legt eine Glasplatte auf zwei alte Koffer – alles ist möglich, selbst nur Beistelltische, auf denen je ein Lämpchen steht. Ein Teppich markiert die Sitzzone, wirkt einladend und gemütlich. Aber immer die Relationen beachten: Wie groß ist der Teppich im Vergleich zum Sofa? Oft muss die Sitzgruppe ein Stück weit auf den Teppich gestellt werden, sollte nicht mit den Füßen die Kante berühren. Wie klein sind die Pflanzentöpfe auf der Fensterbank in Relation zu den langen Fenstern? Braucht der Raum quer gehängte Spiegel, die Größe und Tiefe schenken? Immer und besonders gilt das für das Wohnzimmer: Was ist das Erste, was ich sehe, wenn ich diesen Raum betrete? Was beruhigt das Auge, was ist noch Deko und wertet die Einrichtung auf, was ist eher Überschuss und damit überflüssig? Wie unruhig wirken Bilder an der Wand, die nicht miteinander harmonieren? Bewusste Stilbrüche sind erlaubt, aber dann heißt es: Finger weg von zu viel Deko, Vorsicht mit Nippes. Möbel wirken schon für sich allein, zerstören Sie den Ausdruck nicht! Ein Sofa steht in der Regel an der großen Wand, die Tür im Blick und nicht im Rücken. Unter wie vielen Zierkissen erstickt das Sofa? Zu welchen Büchern im Regal würden Sie jederzeit erneut gern greifen, weil Sie sich mit ihnen identifizieren? Wie viele Personen im Haushalt halten sich in diesem Zimmer auf? Wird einer arbeiten, während ein anderer vorm Fernseher sitzt? Welche Raumteiler sind möglich? Schieben Sie hin und her, nachdem Sie alles aus dem Raum getragen haben, was nicht mehr hier hingehört. Haben Sie keine Angst vor Leere, im Gegenteil. Genießen Sie das, was Sie sehen. Am einfachsten ist sogar ein leerer Raum, den man lediglich hier und da mit ein paar Lieblingsstücken füllt. Bleiben Sie in der Basis schlicht, aber experimentieren Sie mit Dekorationen, die austauschbar sind: Kissen, Lämpchen, Schalen, Vasen u. a. – Sind Sie kein Freund von Bildern, entdecken Sie vielleicht Fototapeten oder Tapeten in den Farben und Mustern, die Ihnen gefallen. Ebbe im Geldbeutel heißt nicht, nicht wohnen zu können, wie es gefällt. Es heißt lediglich, sich öfter nach Schnäppchen umzuschauen, auf Paradiesen wie Flohmärkten und auf Kleinanzeigen-Portalen. Hier gibt's nichts von der Stange! Frage: Wie voll muss oder darf ein Wohnzimmer sein, damit es nicht leer oder ausladend wirkt?

Was gehört in ein gemütliches, verführerisches Schlafzimmer? Dieser Raum ist losgelöst von allen anderen; hier kann der rote Faden enden, der sich durch Ihre Wohnung zieht. Dieser Raum hat sein eigenes Thema, unterstreichen Sie es! Schlafzimmerthemen: Träumen, Abschalten, Loslassen, Relaxen, Flirten, Kuscheln, Verführen. Was aber macht Lust auf all das? Was steht auf der Liste der Stimmungsmacher? Kerzen, warmes Licht, Dimmer, Öle, schöne Bettwäsche, sinnliche Aktbilder, erotische Bücher, Filme und Spielzeug – was immer es braucht für 1001 Nacht. Inspirationen finden Sie auch im Internet, wo es nur so wimmelt von animierenden Produkten. Natürlich kann man sich auch in anderen Räumen lieben, weil Waschmaschine, Besenkammer & Co. zwischendurch sehr reizvoll sind. Doch die Regel bleibt wohl das Schlafzimmer. Auch hier kann man sich auf dem Boden lieben, wenn man Auslegeware hat und keine kalten Kacheln. Oder Holzdielen, auf denen Felle oder Perser liegen, um dem Bett noch einen doppelten, kuscheligen Boden zu geben. Fantasie kennt keine Grenzen, geht es um den lustvollen Umgang miteinander. Die Wand hinter dem Kopfteil des Bettes kann farblich gern dunkler betont werden, dann wirkt sie wie eine Umarmung. Alternativen wären sinnliche Bilder, Fototapeten, Spiegel. Massagen finden oft im Schlafzimmer statt, warum dann also nicht in Windeseile und spontan nach Körperölen in edlen Flakons greifen können? Von Vorteil sind natürlich Lampen, die man dämmen kann, kleine Nachttischlampen, erotische

Literatur, um sich einander daraus vorzulesen. Liegen Sie auf zwei Matratzen? Dann schlage ich ein Bettlaken für beide vor, das verdeckt die Besucherritze. Wie sieht Ihre Wäsche aus? Passt alles zusammen, ist alles im Doppelpack, oder drückt einer seinen Kopf in ein grünkariertes und der andere in ein geblümtes Kissen? Decken Sie das Bett tagsüber ab? Es gibt wunderschöne Tagesdecken in allen Größen, Farben, Mustern; meist reicht es schon, sie nur zur Hälfte übers Bett zu werfen, wir kennen das aus Hotels. Und wie steht's um den Zustand Ihrer Kissen und Decken? Vergessen Sie nie: das Beste ist gerade gut genug für Sie, nicht das Verschlissenste. Und wenn wir uns jetzt schon im Schlafzimmer befinden, erlauben Sie mir eine Frage, auch wenn ich die Antwort nie kennen werde: Schlafen Sie und Ihr Partner eigentlich nackt?

Und was ist mit den Singles unter Ihnen? Wer kein Single bleiben will, der richte sich sein *Paaradies* so ein, wie es der potenzielle Partner vorfinden soll. Und dann wird die Stereoanlage aufgedreht, statt vor dem TV zu zappen. Schlafzimmer sind Rückzugsrefugien, Spielplätze der Liebe. Langweilig war gestern, heute ist Lust! Und das schmale 1,20-m-Bett erst abschaffen, wenn *er* sich ernsthaft ankündigt? Nein, richten Sie sich ein – für sich und einen Partner, der kommen kann, weil Platz für ihn vorhanden ist. 1,20-m-Betten gehören höchstens in Teenie-Höhlen. 140 Zentimeter sollten es schon sein – groß genug, aber auch noch kuschelig genug, so dass man sich nicht ganz verliert im Schlaf.

Vielen Menschen ist dieser Raum gerade gut genug für Notdurft und tägliche Hygiene. Und schon sitzt hier das nächste Waisenkind. Stopp! Aus Nächten in exklusiven Hotels wissen sicherlich einige von Ihnen, dass es auch anders geht. Nun herrscht dort nicht die heimische Fülle, aber hat Ihnen irgendwas gefehlt? Was Sie tatsächlich brauchten, trugen Sie bei sich, das Nötigste und Wichtigste passte genau in einen Kulturbeutel.

Streifen wir nun durch ein Bad, wie es als Beispiel dienen könnte: Handtuchstange aus Chrom oder Holz, unifarbene Handtücher, entweder in den Farben der Kacheln oder als Kontrast zum Weiß der Wände. Duschvorhang oder Kabine? Ich bevorzuge hübsche Vorhänge, die es in unterschiedlichsten Farben und Qualitäten gibt, und die man einfach waschen kann. Kabinen wirken oft stumpf, spröde und milchig, wenn man sie nach einem Duschvorgang nicht unverzüglich trocken wischt. Unterm Waschbecken steht idealerweise ein Unterschrank fürs kunterbunte Allerlei: Putzzeug, Arznei, Cremes, Vorräte, Nagellacke & Co. Tampons, Ohrstäbchen und Binden könnten aus ihrer Verpackung gerissen werden und in hübschen Designertütchen landen, die an selbstklebenden Haken an Wand oder Kachel hängen. Wenn der Raum keinen Platz für ein Stehschränkchen hergibt, sind Regale oberhalb der Kacheln sinnvoll, nicht zu tief, doch gern so lang wie möglich. Und passt da noch ein Spiegel waagerecht statt senkrecht übers Becken? Je mehr er die Wand ausfüllt, desto besser das Raumgefühl. Auch der kleinste Badesalon

darf jetzt zur Wellnessquelle werden. Verschiedene Fla-
cons, in die man Badeöle abfüllt, Schwämme, Kerzenstän-
der, Bilderrahmen für die Wände. Farblich ist vieles erlaubt, und Mosaiksteinchen gehen auch immer.

Was immer Ihnen vorschwebt, setzen Sie es um! Toben
Sie sich aus! Selbst Schwarz kann edel wirken, dazu
Chrom oder Gold, eine flauschige Fußmatte in Schwarz,
nostalgische Wasserhähne, eine dunkle WC-Brille, Bürs-
tenhalter aus Porzellan, Toilettenpapier in einer hohen
Vase oder im Körbchen samt Lektüre. Fort mit den
Monster-Konstrukten für all-in-one. An die Tür von innen vielleicht Haken kleben, an denen ein edles Nachtge-
wand oder in Reih und Glied Waschkappen und Gäste-
handtücher hängen. Die Handseife drücken wir natürlich
nicht aus Plastikspendern aus, und auch die Seifenschale
passt zum Spender. Und sollte ein Regal wirklich nicht
einsetzbar sein, genauso wenig wie ein Unterschrank,
dann reicht auch ein CD-Regal. Gibt es eine Handtuchstange oder nostalgische Haken? Gibt es ein Fenster? Rol-
los, Raffgardinen, Milchglasfolie oder Plissées eignen sich
hier gut, um sich vor neugierigen Blicken zu schützen.
Und wenn ein Fenster sehnsüchtig vermisst wird, könnten auch hier wieder Fototapeten mit einem Außenmotiv
oder viel Weite die Stimmung unterstreichen. Sammeln Sie
sich Ihre Lieblingsstücke zusammen und verbannen Sie
alte Plastikschnäppchen. Schicke alte Parfümflacons und
Puderdosen aus Porzellan vollenden die Deko. Genießen
Sie ein heißes Bad oder eine warme Dusche in gedämp-
tem Licht oder bei Kerzenschein. Vielleicht bleibt auch
noch Platz für etwas Musik? Manche haben sich Boxen in
die Decken bauen lassen. Auch Ihren Ideen sind keine

Grenzen gesetzt, auf dem Weg vom Bad zum Wellnesstempel – mit oder ohne Phosphorsternen am Deckenhimmel!

Im Kinderzimmer

So schnell die Kleinsten wachsen, so schnell verändern sich auch ihre Ansprüche und Wünsche. Gerade auf die Welt gekommen, liegt die liebevolle Gestaltung des Kinderzimmers allein in den Händen der Eltern. Was braucht ein Küken nach dem Schlüpfen? Bewegungsraum zum Krabbeln, Nähe, Wärme, Liebe, Ordnung, einen weichen Untergrund. Schnell aber schießen die Kleinen in die Höhe, der Bewegungsradius ist dann rasch ausgeschöpft. Doch weniger ist immer noch mehr, eben Mehrwert und mehr wert. Musik wird durchs Schlagen auf Kochtöpfe produziert, was Produkte aus der großen bunten Spielewelt ersetzt. Möbel wachsen auch, aber ich rate für das Kleinkind eher zu flachen Möbeln und Kommoden statt zu hohen Schränken, die wie bedrohliche Wolkenkratzer wirken können. Ein Kinderzimmer wächst zur kleinen Wohnung heran, in der viele Bedürfnisse befriedigt werden wollen: Schlafen, Träumen, Abschalten, Arbeiten, Spielen, Verabredungen. Wenn ich im Einsatz bin mit »Wohnkosmetik for kids«, schaue ich, dass das Bett am Fenster steht, weil ein Blick in den Himmel beruhigend wirkt, zumindest mehr, als wenn es nahe der Tür steht. Und ich achte darauf, den Raum durch Schränke oder

Kommoden geschickt zu teilen; so schaffe ich zwei Bereiche – den privaten und den schulischen. Reduktion auf das Schöne und das zu Schätzende. Licht – Farbe – Textil sind die Stimmungssäulen. Kleine Kinder brauchen Teppiche, weil sich ihre Welt größtenteils auf dem Boden abspielt. Oder in Höhlen, unter dem Hochbett, das unten herum mit Stoffen umrandet ist; darunter liegt vielleicht eine zweite Matratze. Aber auch Größere chillen gern, entweder auf dem Bett, das sich tagsüber durch Überdecken und Kissen in eine Couch verwandelt, oder auf dem Boden mit dicken Kissen und Lichterketten. – Lassen Sie Ihren Kindern umso mehr freie Hand bei der Gestaltung, je älter sie werden, denn sie spüren intuitiv, was ihnen guttut, was sie brauchen und worauf sie Lust haben. Und sie orientieren sich so gern an Freunden und an Trends. Seien wir doch stolz auf das Gespür unserer Sprösslinge, auf ihre Entschlusskraft und ihre Kreativität. Und es bleibt immer noch genug Raum, um unsere eigenen Ideen in den ändern Räumen umzusetzen. Auch wenn es uns die Schamesröte ins Gesicht treibt, wir uns vor Peinlichkeit in die Ecke verkriechen wollen, Kinder sind auf dem Weg, sich zu probieren, zu lernen, zu testen, sich wahrzunehmen und zu reifen, und das natürlich nicht nach unserem Geschmack. Die Wege der Wandlungen haben viele Gesichter, die uns unmöglich alle gefallen können. Genauso ging es unseren Eltern mit uns, oder? Also, lassen Sie Farben zu und sorgen Sie außerdem von Kindesbeinen an dafür, dass die Dinge mit Respekt behandelt werden. Schaffen Sie genügend Stausysteme, damit das Aufräumen leichterfällt. Kleine Zimmer brauchen eher Schränkchen und Regale in greifbarer Höhe an der Wand, damit der

Boden frei bleiben kann. Leben Sie Ihren Kindern nicht vor, wie unerheblich Chaos ist, und stöhnen Sie nicht stets bei jeder Aufgabe im Haushalt. Ihre Empfindungen können sich schnell übertragen. Helfen Sie Ihren Kindern, ihren Raum in Schuss zu halten, ohne dass es einem Museum gleicht. Fazit: Selbst in begrenzten Räumen sind Ideen alles andere als grenzenlos.

Woher sollen die Kleinen Umgang, Ordnung und Wertschätzung lernen, wenn nicht die Großen ihnen das mit auf den Weg geben? Kinder brauchen Regeln, Führung und Grenzen. Fülle und Freiheit kann sie daran hindern, sich zu spüren – erinnern wir uns an unsere eigene Kindheit und Jugendzeit. Je enger das Korsett, desto sicherer fühlten wir uns, auch wenn wir das Korsett nach außen hin gehasst haben. Aber nur so lernten wir zu rebellieren, uns mit unseren Grenzen auseinanderzusetzen.

Es ist eine Frage des Respekts, wie wir miteinander umgehen – ebenso, wie wir mit Dingen umgehen. Hinter jeder Sache steht ein Mensch, ein Erfinder, ein Hersteller. Bringen wir unserem Nachwuchs früh genug bei, sein Spielzeug zu schätzen und entsprechend damit umzugehen, damit es nicht nur die erste Saison überlebt. Und was mit dem Alter des Kindes nicht mitwächst, wird vielleicht eingetauscht gegen anderes. Mütter, vereint euch! Tauscht, verkauft, verschenkt oder spendet. *Kinder* sind ein gutes Stichwort. Kinder und ihre kleinen Paradiese, die oft nichts anderes sind als überfüllte Refugien und irgendwie auch Abstellkammern der Großen. Wenig ist mehr, weil es die Kreativität und auch den Einfallsreichtum fördert. Doch ganz wichtig, wenn es ums Loslassen mit Kindern geht: sich mit Freude daranmachen. Sie sind der Spiegel, der Maßstab für die Entwicklung Ihres Kindes. Sie zeigen auf, was das Kind erst noch erfahren muss, was lediglich mit Ihrer Unterstützung bessergeht. Und ob Sie gemeinsam ausmisten und organisieren oder es dem Kind antrainieren – leichter geht alles mit den richtigen Ordnungssystemen.

In der Kammer

Kammern verdienen nicht umsonst den Zusatz Rumpel-, Abstell- oder Garderoben-. Vollgestopft bis oben hin, zum Ersticken eingerichtet, fristen sie oft ein liebloses Dasein. Dabei bringt es Spaß, auch hier aufmerksam zu sein, denn eine Kammer wird schließlich häufig geöffnet. Tauschen Sie hineingestellte Fertigregale gegen tiefe Regalbretter, maßgeschneidert von der Decke bis zum Boden. Verwenden Sie Schuhkartons, einheitliche Plastikboxen oder Körbe für verschiedene Themen. Je mehr, desto übersichtlicher, desto leichter das Finden und Aufräumen, wenn Sie die Behälter auch noch beschriften. Drei Garderobenhaken passen noch an eine schmale Wand? Bevor Sie beginnen, frage ich Sie, ob Sie noch wissen, womit Sie die Kammer vollgestopft haben? Wann genau betreten Sie die Kammer? Um Neues hineinzustopfen oder um Altes vergeblich zu suchen? Müssen Sie kramen, sich ärgern und haben doch vor Augen, wie auch dieser kleinste Raum auf Sie wirken könnte? Vielleicht sogar mit einem neuen Farbanstrich? Welche Farbe lieben Sie, für die Ihnen allerdings der Mut fehlt, um sie für Wohn- oder Schlafzimmer einzusetzen? Dann los, Sie wissen doch: Zeit und Nerven zu schonen zahlt sich immer aus!

Im Arbeitszimmer

Nicht jeder besitzt ein Arbeitszimmer. Zum Glück haben wir flache Bildschirme angeschafft, werfen sperrige Rechner aus der Bude, wandern mit dem Laptop spielend leicht durch alle Zimmer und setzen uns nieder, wo es uns gefällt. Langsam sterben klassische Arbeitszimmer aus, es entstehen vielmehr kleine Gästezimmer, Loungecorner und Bibliotheken, in denen wir trotzdem noch arbeiten können. Und doch gibt es noch immer diese Art von Arbeitszimmern, im Haus gern in den Keller verbannt, ungern betreten, weil es im Grunde überall gemütlicher ist, nur nicht hier unten. Also ab vor den Kamin oder den Fernseher, um nah bei der Familie zu sitzen.

Wer allerdings von zu Hause aus arbeitet, sollte Privatsphäre und Homeoffice klar voneinander trennen, wenn sein Bürobereich aus mehr als dem Laptop besteht. Wer viele bunte Ordner braucht, die verstaut werden wollen, kann Raumteiler oder offene Regalwände einsetzen. Paravents oder Stoffe von der Decke sind ideal, um Arbeitsecken mit Ablagesystemen abzuschirmen. Außerdem will man daheim auch nicht ständig auf die Arbeit schauen, nur weil man sie dort lagern muss. Abschalten heißt, gewisse Bereiche aus dem Blickfeld zu nehmen. Und ein

Schreibtisch muss auch nicht dem klassischen Bürotisch ähneln, auf dem sich Locher, Stiftedosen und Schere vor Langeweile angähnen. Was landet überhaupt auf diesem Tisch? Ich habe tonnenweise, bergeweise Umschläge gesehen, zum Teil sogar ungeöffnet, an deren Inhalt sich niemand mehr erinnerte. Ich wiederhole gern meinen Rat, bereits am Briefkasten loszulassen, was nicht mit in die Wohnung soll: Werbung, Prospekte, Schutzumschläge. Selbst Anschreiben von Rechnungen werfe ich spätestens in der Wohnung weg. Ich trenne den Zahlschein ab, fülle alles aus und lege ihn in meine Handtasche. Und wem der persönliche Draht zu seinen Bankdamen nicht wichtig ist, der hat sich dem Online-Banking verschrieben. Für mich ist das alles Routine, aber auch ich bin nicht mit dieser Routine zur Welt gekommen. Erst heute gehen meine Routinen mir in Sekundenschnelle von der Hand. Mich störten seit jeher Dinge, die meine Wohnung nicht verschönern, sondern sie verstopfen. Jeder Papierkram, der in meiner Wohnung lagert, legt sich höchstens für ein paar Tage in den zwei edlen Ablagefächern ab, die im Wohnzimmerschrank stehen.

Im Keller und auf dem Dachboden

Der Keller, das ungeliebte Waisenkind, ist doch so nützlich, weil er eben als zusätzliches Stauraumparadies dient, das so weit weg aus unserem Blickfeld liegt. Auffangbecken für Saisonware, Misskäufe, Flohmarktkisten, Sperrmüll und sonstiges Aufbewahrungsallerlei. Während wir auf Dachböden eher nach Geschichten suchen, nach wahren Schätzen aus dem Leben der letzten Generationen irgendwo zwischen Mäusen, Glaswolle und Spinnweben, wirkt der Keller so ganz und gar nicht wie ein Museum. Oft kalt, manchmal feucht und nicht gerade einbruchsicher. Das Verflixte an diesem Raum: Irgendwie ist er immer voll, und selbst nach Flohmärkten haben wir null Raum dazugewonnen (eigene Erfahrungswerte!). Zwischen Gerümpel findet sich mal Brauchbares, aber eben sehr versteckt. Irgendwo habe ich gelesen, der Keller ist unser Unterbewusstsein. Dann ist es aber umso wichtiger, hier erst recht auszumisten. Anfangs sind wir noch froh, weil die Sachen immerhin schon aus der Wohnung raus sind; nur eben weg sind sie nicht, denn sie hängen fest, in dieser »Zwischenstation«: Ich selbst bin ein bekennender Keller-Verdränger und mache mich lediglich zu Flohmarktterminen auf den Weg in den Abgrund, weil ich muss. Dabei setzt gleich danach dieses tolle Gefühl von Befreiung ein, das ich ja von den Wohnräumen her kenne. Warum also horten, warum zwischenlagern, warum, warum, warum?

Hätten Menschen keine Keller, wären ihre Wohnungen noch voller? Ist Keller wirklich Luxus? Ich stelle mir vor, der Keller sei leer, bis auf wenige wirklich wichtige Ausnahmen – dann würde ich mir dort ein Lager einrichten, eine Kunststätte, einen Bastel- und Malraum. Das wäre wahrer Luxus! Also, lassen Sie uns gemeinsam dem kollektiven Keller-Wahnsinn frönen und in den Tiefen mit dem Ausmisten loslegen. Und wer zuerst fertig ist, sage bitte Bescheid und schicke mir Beweisfotos!

Auf dem Balkon

Kein Keller zum Vollmüllen vorhanden, also muss der Balkon herhalten? Nein, ich bin nicht aggressiv, ich muss eher schmunzeln, weil ich auch hier Dinge gesehen habe, die man auf Balkonien nicht vermuten würde: Schirmständer, Lampenschirme, Schuhschränke u. v. m. Getränkekisten darf ich nicht bemängeln, obwohl sie keine Deko, sondern eher Platzschmarotzer sind, aber man könnte sie ja auch in eine Outdoor-Kiste packen, auf die man Kissen legt, und schon hätte man zwei Fliegen mit einer Klappe geschlagen. Balkone sind und bleiben für mich kleine Extra-Räume. Wer keine Loggia hat, zieht vielleicht seine Dachmarkise aus oder befestigt Sonnenschirme am Geländer. Sie können auch günstige Flickenteppiche ausrollen und Bodenkissen drauflegen, Windlichter aufstellen und Plastikübertöpfe gegen Ton- und Steintöpfe oder bunte Balkonkästen tauschen, die aus Platzspargründen nach außen ragen. Tisch und Stühle sind kein Muss, eher sorgen noch Korbsessel mit Schaffell oder schicken Auflagen für ein gemütliches Verweilen. Wer jedoch seinen Boden komplett bedeckt, kann auch ohne Stühle leben, weil er sich mit Freunden richtig ausbreiten und auf dem Boden chillen kann. Ich persönlich bevorzuge Balkonumrandungen; sie geben mir das Gefühl, nicht durch die Stäbe nach draußen zu fallen. Außerdem bieten sie mehr Sichtschutz, Intimität und Raumgefühl, und sie sperren die Blicke der Nachbarn aus. Einen Sichtschutz aus Bast kann man zum Beispiel mit Farbe aus der Dose besprühen, genauso wie Ihre Korbstühle. Also, vergrößern Sie

Ihre Wohnung durch ein wahres Balkon-Paradies. Aber dazu schnappen Sie sich erst einmal die blaue Tüte und werfen genüsslich rein, was da schon lange hineingehört!

Ein Tipp: In einigen Städten gibt es kostenpflichtige Müllsäcke von der Stadtreinigung auch in Drogeriemärkten. Sie benötigen also weder ein Auto noch Freunde für den Transport zum Recyclinghof. Der Bordstein liegt direkt vor Ihrer Tür.

Im Garten

Ein Garten, ein richtig kleiner Garten, das grüne Paradies, ein Eden – wer träumt denn nicht davon? Am liebsten noch mit Austritt aus der Küche, die Kinder im Blick, die Blumenbeete auch. Den Springbrunnen, den kleinen Teich oder einfach nur das wilde Gras, ungeschnitten, ungeschönt. Schmetterlinge, die um Bäume fliegen, und Bienen, die sich auf Blüten niederlassen. Leider sieht die Realität oft anders aus, und dabei braucht es nicht einmal den grünen Daumen für das grüne Glück. Was ist zur Entspannung nötig, um sich rundum glücklich zu schätzen? Gartenmöbel – zum Sitzen und Liegen. Einen Tisch für Grillabende und Kaffeeklatsch-Nachmittage mit Freunden, Nachbarn und Familie. Einen großen Sonnenschirm, hohe Pflanzen, nicht nur kleine Töpfchen. Ein eigenes Beet für Kräuter, Obst, Gemüse und die Kinder? Wer schon mal mit bloßen Händen Erde aufgegraben hat, der spürt ganz intensiv Mutter Natur. Schimpfen Sie nicht über den Sand unter den Nägeln, wenn Gartenarbeit doch erdet und abschalten lässt, während wir ein grünes Paradies erschaffen. Fort also mit alten, kaputten, ineinandergestapelten Terrakottatöpfen hinterm Haus. Fort mit dem alten Schrubber oder mit was auch immer. Die Liebe steckt stets im Detail. Und ist das Budget klein, dann gibt es auf Flohmärkten diese Liebhaberstücke für wenig Geld. Zusammengetragen entsteht daraus ein liebevolles, individuelles Potpourri. Und auf einmal ist der Sommer lang, weil wir ihn im eigenen Garten genießen, den wir gern zeigen, den wir nicht mehr fürchten oder aus dem wir lieber flüchten. Fangen Sie an und legen Sie Steine, bemalen Sie auch welche … und vielleicht bleibt ja noch Platz für ein Baumhaus, einen Geräteschuppen oder eine Sauna hinter der großen Linde! Eine Anmerkung in eigener Sache: Ein Kunde, für den Geld keine Rolle spielte, legte für seine Kinder auf dem Dach eines hohen Altbauhauses einen Garten an. Mit Schaukel und allem Drum und Dran. Es gab Mauern, also entsprechend Schutz genug, und er musste seine Kinder nicht mehr morgens in den Hof schicken. Ein wahres Paradies!

Aufgeräumt leben – in allen Lebenslagen

Im sozialen Netzwerk

»Kontakte schaden nur dem, der sie nicht hat!« Mit dieser in meinen Augen unsinnigen Floskel werde ich in sozialen Netzwerken angesprochen und um Kontaktbestätigung gebeten. Aber wann ist ein fremder Kontakt auch ein guter Kontakt? Und wann ist eine Person überhaupt ein Kontakt, wenn es doch nie einen Kontakt gegeben hat? Anfangs bemühte ich mich noch zu reagieren, mich zu bedanken, bevor ich ablehnte; heute jedoch ist mir meine Zeit zu kostbar, um sie für etwas zu verschwenden, das ich nicht haben möchte. Was passiert, wenn ich alle Kontaktanfragen annähme? Ist der Kontakt nicht von Anfang an eine Leiche im Netzpoolbecken? Ich kenne jene Menschen nicht, wie kann ich sie empfehlen? Sie könnten mir im Gegenteil schaden, wenn ich sie ohne persönliche Überprüfung an meine Kunden weiterreiche. Meine Kunden vertrauen mir. Vertrauen ist ein hohes Gut, das hohe Wertschätzung genießt. Natürlich gibt es Ausnahmen, die gibt es ja immer, warum gute Netzwerke erst entstehen und wachsen können!

Bekannte, Freunde, Partner, Kollegen. Wie viel brauchen wir, um uns glücklich, reich und ausgefüllt zu fühlen? Reich ist jener, der in schlechten Zeiten erfahren hat, wer wirklich sein Freund ist. Freundschaft trägt für mich ein Gütesiegel, das ich symbolisch nur an jemanden übergebe, der sich um diesen Titel auch verdient gemacht hat. In Zeiten voller Glanz und Gloria, voller Glamour und Freude bist du anziehend wie ein Magnet. Menschen schmücken sich zu gern mit Menschen, die beliebt, erfolgreich, attraktiv sind. Ich kenne das aus jungen Jahren, wenn man mit einem Beau an seiner Seite vor fremden Frauen punkten wollte und die neidischen Blicke genoss. Konnte man auch, solange der nicht den Ruf hatte, nur Luft zu spucken, sobald er den Mund aufmachte. Mit den Jahren, auch mit ein paar Schicksalsschlägen mehr auf der Uhr, ändert sich der Anspruch. Aussehen ist null und nichtig gegen das, was ihn ausmacht, seinen Charakter, seine Werte, seine Moralvorstellungen. Man hat erfahren – und niemals vergessen –, welche Freundin sogar eine Fete für dich hat sausenlassen, weil du vor Liebeskummer das Sofa durchnässt und gern jemanden an deiner Seite gehabt hättest. Wie schnell sich Freunde als Bekannte oder heiße Luft entpuppten, haben doch die meisten schon erlebt. Wer aber Glück hat, darf genauso Freund für jemanden sein, der es für ihn ist.

Vielleicht haben Sie viele Bekannte, aber Ihr Herz und Ihr Engagement liegen bei jenen, denen Sie bedingungslos vertrauen und denen Sie sich ohne Maske zeigen können, ganz Sie selbst, ganz ungeschminkt. Jene, die Ihnen Fragen stellen, die mitfühlen und da sind, obwohl es gerade nicht so passend ist. Niemand hat hundert Freunde, auch wenn das dem einen oder anderen angeberisch über die Lippen kommen mag oder man sich auf Facebook mit zehnmal so viel schmücken kann. Doch ist es schmuckes Beiwerk? Ich bezweifle das zutiefst! Freundschaft bedeutet Aufwand, Pflege und Zeit. Unter hundert Freunden werden Sie einfach nur eine Nummer zwischen eins und hundert bleiben. Wenn es Ihnen schlechtgeht, welcher der hundert Freunde ruft dann an, weil er sich so gut und viel an Sie erinnert? Und wer würde schon Ihr Wohlbefinden erkennen, noch bevor Sie es aussprechen konnten? Schauen Sie sich also um, auch wenn es danach Erkenntnisse gibt, die wehtun können. Wer war da, wer hat Sie überrascht und wer erfreut, wer hingegen hat Sie beneidet, benutzt und Ihnen geschadet? Seien Sie ehrlich, denn auch hier zeigt sich die Haltung, die Sie gegenüber Werten und Verbindlichkeiten haben.

Eine Frage, die ich mir immer wieder stelle, richte ich nun auch an Sie: Sind Sie selbst wohl der Freund, mit dem Sie sich reich und glücklich schätzen können? – Was auch immer am Ende unterm Strich dabei herauskommt, pflegen Sie es, kümmern Sie sich drum, vergrößern Sie es und weiten Sie es noch aus. Gemeinsam einsam sein, zu zweit allein zu sein – diese Umstände führen nicht zu dem Wohlbefinden, das in Ihrem Leben jetzt oberste Priorität haben darf, eher macht es einsam und schadet nur der Psyche.

Mit dem PC

»Komm, wir machen heute Platte!« Wie oft ich mir das innerlich zurufe, doch auch ich hab's scheinbar mit den Ohren, brauche regelmäßig diesen Tritt in den Hintern. Mir begegnet hier der gleiche Teufelskreis: Verschiebe ich es immer wieder, von einem Tag auf den anderen, wird es präsenter und präsenter. Und mache ich es gleich, habe ich Angst, etwas Wichtiges könnte zu kurz kommen. Aber manchmal gehe ich dann doch ganz kleine Schritte, und wie könnte es auch anders sein – es fühlt sich großartig an. Also warum nicht gleich auch dieser Aufgabe eine große Bedeutung beimessen? Das Beste dabei: Jeden Tag kann ich etwas dafür tun, dass der Berg in meinem Gedächtnis nicht mehr übermächtig wird. Wenn Sie jetzt denken, der stört doch nicht, es ist doch genügend Speicherplatz vorhanden, dann respektiere ich diesen Gedanken – schließlich kenne ich ihn auch von mir. Doch Sie bringen sich um dieses wundervolle befreiende Gefühl, einen aufgeräumten virtuellen Schreibtisch zu haben. Ich bin sicher, auch Sie begegnen Ihrer inneren Wut, die da ist, weil Sie genau wissen, wie viel Müll auf Ihrer Platte ist.

Allein die Adress-Datenbank wurde lange nicht mehr aktualisiert? Könnten Sie ab sofort nicht jede Mail, die Sie gelesen haben, für unwichtig erachten, jede Mail, die als Spam markiert wurde, löschen? Selbst Freunde, die mal eben nur einen schnellen Gruß durchs Netz werfen, müssen doch nicht für immer gespeichert werden, oder? Jedes Wort, das durch ein Telefonat ersetzbar gewesen wäre, lasse ich nun gehen. Nur Briefe bleiben im dafür eingerichteten Ordner. Die Vorstellung, dass aus heute 3000 Mails in zehn Jahren 30 000 Mails werden, macht mich schwindelig. Wie steht's um die vielen Fotoordner, die bis zum Lebensende ihr Dasein fristen müssen? Schön sie zu haben, denken Sie sich. Sie könnten ja mal wieder reinschauen. Und warum tun Sie es dann nicht? Beruhigt Sie das Wissen um sie? Ich sortiere mittlerweile nach Jahreszahl; so geht es schneller, mein Vorhaben umzusetzen und Jahres-Fotobücher herzustellen. Was auch immer auf meiner To-do-Liste steht, ich will, dass dort nur auftaucht, was sinnvoll ist.

Mit Freunden, Gedanken, Schuldgefühlen …

Ein Gefühl, das immer wieder an die Oberfläche kommt, ist das Schuldgefühl, wenn wir etwas loslassen. Sobald wir dieses Gefühl jedoch nicht mehr über die Freude an mehr Lebensqualität stellen, nimmt es langsam ab. Empathie ist das Zauberwort. Empathie, sich in etwas einzufühlen, vor allem in sich selbst. Nicht nur im Haus, erst recht im Leben! Es klingt wie ein Kinderspiel, wenn ich meine Kunden für Gegenstände sprechen lasse, sie zum Beispiel bitte, einer mehrfach angestoßenen Tasse eine Stimme zu geben. Brüche und Sprünge – wann darf etwas gehen, wann muss etwas gehen?

Im Laufe der Jahre lernen wir das Loslassen unweigerlich. Wir lassen Freunde los, weil die Freundschaft endet oder im schlimmsten Fall der Tod uns auseinanderreißt und eine Trennung erzwingt. Wir lernen, Gedanken und Muster loszulassen. Negative Gedanken, eingefahrene Muster, in denen wir gefangen waren. Wir lassen unsere Kinder (räumlich) los, und wir werden selbst losgelassen – von unseren Eltern, wenn sie sterben, von unseren Kindern, wenn sie das Haus verlassen. Nicht immer sind also wir selbst es, die loslassen müssen – auch wir werden losgelassen. Und manchmal ist genau dieses Loslassen – bezogen auf andere Menschen – ein Festhalten, aber kein erzwungenes, sondern ein freiwilliges. Freiwilligkeit oder Zwang – nach welcher Überzeugung leben Sie? Denken Sie über Ihren jetzigen und auch über frühere Jobs genauso wie über verflossene Liebhaber? Wann sind Sie gegangen, wann wurden Sie gegangen? Am Ende war es gut und passte doch genau in Ihren Lebensplan, in Ihre Entwicklung. Oder leiden Sie heute noch? Die Vergangenheit ist das eine – das Heute und Morgen ist was anderes. Uhren laufen niemals rückwärts. Wir haben gestern eine Erfahrung gemacht, können sie heute verstehen und schon morgen gereifter handeln.

Aller Anfang sind Bewusstsein, Einstellung und Erkenntnis! Der Mensch braucht nicht viel. Und er benötigt noch viel weniger. Wonach er sich sehnt, das findet er in keinem Katalog. Ihm wird am laufenden Band bewusst, dass er Erfüllung und Herzenswünsche nicht kaufen kann. Obwohl, ich widerspreche mir jetzt mal: Nach jedem Friseurbesuch gehe ich natürlich anders vor die Tür. Und ich genieße meine verstohlenen Blicke in verspiegelte Schaufensterscheiben, und ich genieße auch die Blicke der Menschen, die an mir vorüberziehen, weil ich sie sehe. Weil ich mich gut fühle, was wiederum mein Innen füllt. Jetzt aber kommt die Krux: Wenn sich Menschen allein durch das Begehren, die Bewunderung von außen selbstbewusst fühlen, verlieren sie genau diese Bewunderung wieder in just dem Moment, da sie allein in ihren Betten träumen oder der Friseurbesuch drei Tage zurückliegt. Und wir bilden uns ein, es schaue uns niemand mehr hinterher. Richtig – denn was uns damals anziehend machte, waren Haltung und Ausstrahlung, wobei die Frisur nur Mittel zum Zweck gewesen ist. Wir könnten nun jeden Tag zum Friseur gehen, aber was alltäglich wird, verliert seinen Zauber. Wenn wir uns einbilden, wir seien Luft für andere Menschen, dann liegt es daran, dass unsere Ausstrahlung an etwas im Außen geknüpft war. Wir strahlen nicht mehr aus uns selbst heraus.

Außerhalb der Wohnung

Wir sehen also, es gibt eine Menge Bereiche, die wir für mehr Wohlgefühl unter die Lupen nehmen könnten: Computer. Briefe. Fotoalben. Papierkram. Kleidung. Menschen.

Welchen Menschen schenken Sie genug Zeit, welchen zu wenig? Welchen gern und welchen eher ungern? Liebe und Aufmerksamkeit wollen gut balanciert sein. Nicht immer hält sich alles die Waage, weil mal der eine und mal der andere mehr Zuwendung braucht, doch wahre Freundschaft rechnet nicht; sie wird die Waage immer halten können. Freundschaft trägt Verantwortung. Trotzdem werden wir uns vielleicht im Laufe unseres Lebens von einigen Menschen trennen, die wir irrtümlicherweise für wahre Freunde hielten oder deren Weg sich sehr von unserem unterscheidet. Freundschaft trägt ein Gütesiegel, Freundschaft muss sich bewähren, ist harte Arbeit – wie eine Partnerschaft. Der Lauf der Zeit bringt daher Opfer mit sich, wenn wir das Geben nicht mehr fühlen oder leisten können und wollen. So verlieren wir »Freunde« schon mal aus dem

Blick, vielleicht weil sie uns nicht mehr guttun, sie uns eher schwächen statt stärken, uns etwas neiden statt gönnen, uns aussaugen statt bereichern. Oder sie haben sich durch unterschiedliche Lebensformen, Themen und Interessen einfach mehr und mehr von uns entfernt. Im schlimmsten Falle wurden wir belogen, betrogen und bestohlen. Im traurigsten Fall ist jemand, den wir lieben, schwer erkrankt oder liegt sogar im Sterben. Zeit ist neben Gesundheit das kostbarste Gut. Mit wachsendem Alter beginnt die Zeit zu rasen. Dann heißt es, Bilanz zu ziehen.

Wenn wir unsere Zeit mit jemandem nicht mehr gern verbringen, ihm lieber ab- als zusagen, ihn vernachlässigen, ihn vergessen, die Freundschaft zu ihm hinterfragen, dann ist die Verbindung nur noch eine Angelegenheit auf Zeit. Befragen wir doch Kopf und Bauch, wie es sich anfühlt, ohne diesen Menschen im Leben auszukommen. Hören wir viel öfter auf den Bauch! Manchmal spricht man sich noch aus, kommt sich wieder näher, bereinigt angestaute Missverständnisse oder kommt respektvoll überein, dass man sich erst einmal trennt, was den Druck auch aus der Beziehung nimmt. Unsere Intuition ist der beste Seismograph! Als Kinder schließen wir am schnellsten Freundschaften, im Alter lassen wir uns Zeit. Der Blick ist kritischer geworden, vergangene Erfahrungen warnen uns davor, uns allzu schnell zu öffnen. Beziehungen müssen erst wachsen, müssen sich beweisen, müssen Prüfungen bestehen und unter die Lupe genommen werden.

Das Prädikatsmerkmal oder die Auszeichnung »Freund« gibt es nicht im Überfluss. Wer sich also damit brüstet, er habe Freunde im Überfluss, wird schnell als oberflächlich eingestuft, denn: Wie eng können »Freunde im Überfluss«

schon sein? Sind sie bei uns, ohne dass wir sie darum bitten mussten? Können sie geben, ohne dass sie gefragt wurden? Wie vielen Menschen kann man emotional und zeitlich gerecht werden, kann von ihnen wissen, wie sie ticken, wie sie fühlen? Wie hoch ist Ihre persönliche Messlatte? Welche Menschen fallen Ihnen jetzt ein? Kümmern Sie sich um sie, und teilen Sie Alltagssorgen und Lebensthemen, oder planen Sie gemeinsam doch nur Shoppingtouren und Partynächte? Wie definieren Sie Freundschaft? Wann bewährten sich die Freundschaften um Sie herum? Wann, warum und in welcher Form wurden Sie enttäuscht? Was würden Sie sich selbst und anderen verzeihen? Wären Sie gern selbst Ihr bester Freund und würden Sie in schweren Zeiten zu sich halten? Und was vermitteln Sie Ihren Kindern über Freundschaft, Werte, Tugenden? Was im Leben hat Bestand, was löst sich auf? Schätzt man Sie als Freund? Oder suchen und sehnen Sie sich noch immer nach aufrichtiger Nähe?

Es gibt Menschen, die klammern, wodurch sie verlieren, statt zu binden. Jemand, der Ihnen nicht verbunden, sondern eher von Ihnen abhängig ist – welche Last ist das für Sie, verbunden mit der schieren Unmöglichkeit, in eine tiefere Verbindung mit diesem Menschen zu treten. Erst das Loslassen bietet die Möglichkeit, sich ohne Druck einander zu nähern, Nähe zu festigen, an ihr zu arbeiten, sie zu vertiefen und letztlich zu bewahren. Freundschaftsarbeit ist auch unbequem, denn Freundschaft ist nicht immer spielend einfach. Wir sind der Spiegel des anderen, das ist nicht immer einfach und bequem. In Freundschaft steckt das Wort »schaffen«. Worin liegt Ihr Schaffen als Freund?

Menschen ziehen einander an oder stoßen sich ab. Im besten Fall sind sie sich völlig gleichgültig. Manche Menschen werden geduldet, höchstens noch gesehen, aber richtig wahrgenommen werden sie nicht. Sie sind so sehr Suchende und Sehnende, dass es ihnen auf der Stirn geschrieben steht. Kennen Sie solche Menschen oder gehören auch Sie dazu? Ein großer Bekanntenkreis ohne einen einzigen Freund macht einsam. Allein ist man nicht (außen), aber man ist einsam (innen), was schlimmer ist. Denn wenn es wehtut, tut es eben innen weh. Und tut es innen zu lange und zu doll weh, blickt das Innen irgendwann nach außen. Krankheiten entstehen immer erst innen, bevor sie auch außen sichtbar und spürbar werden. Beobachten Sie Menschen mit herunterhängenden Mundwinkeln. Nicht jeder Mundwinkel ist ein genetisches Ergebnis. Auch abgekaute Fingernägel, Haarausfall, Hautirritationen, Herpes, Migräne können das Ergebnis eines »schmerzhaften Innen« sein. Welche Gefühle taten Ihnen bereits weh?

Freunde wollen gesehen werden. Aber wenn wir nicht mehr hinschauen, hinhören, sie respektieren oder lieben, warum dann kein Ende herbeiführen? Auf Paare bezogen: Wir sollten jemanden ziehen lassen, den wir nicht wahrhaft und aufrichtig so lieben können, wie es unserer Vorstellung von Liebe entspricht. Lieber gehen lassen, solange der Respekt noch da ist, damit der andere gefunden werden kann von jemandem, der ihn so liebt, wie er uns zuvor geliebt hat. Wie schmerzhaft ist es doch, wenn uns jemand loslässt, weil er endlich verstanden hat, wie wenig wir ihn geliebt haben, wie sehr wir seine Zeit verbraucht und ihn seiner Hoffnung beraubt haben? Wenn Egoismus unser Motiv war, ist es an der Zeit, jetzt in Verantwortung und in Fairness zu handeln. Und geht es um eine Beziehung, die nur im Laufe der Zeit an Tiefe verloren hat, aber eine wertvolle und gesunde Basis besitzt, mit der sie auch schwere Zeiten standhielt, dann gibt es wirksame Rettungsanker. Aufgeben kann jeder! Und durchhalten? Mögen Geld und Sicherheit kein Motiv für eine innige Partnerschaft sein, denn eines Tages könnte beides weg sein, was bliebe dann, auf das man sich wirklich verlassen könnte?

Übertragen wir das auf die Gegenstände in unserer Wohnung. Gerade die Dinge, die wir mit einem monetären Wert und einer Erinnerung verbinden, können wir nicht ganz so einfach loslassen. Fühlen wir uns mit ihnen unwohl, sollte ihr Preis keine Rolle spielen! Der Preis hinderte uns damals nicht, sie anzuschaffen; heute darf er uns nicht daran hindern, sie loszulassen. Die Beziehung zu ihnen war ein Glück auf Zeit. Und seien wir ehrlich: Das meiste dessen, was wir angeschafft haben, haben wir abgelebt. Und jetzt sind *wir* uns die Teuersten! *Wir* bleiben unbezahlbar! Stellen Sie Gegenstände niemals *über* sich! Was würden der verstorbene Ehemann oder die verstorbenen Eltern sagen, wenn sie wüssten, wie sehr Sie an dem alten »Kram« festhalten? Die Verbindung zu Menschen funktioniert nur sekundär über Gegenstände, höchstens noch über »Talismane«. Und so halten Sie vielleicht ein handgeschriebenes Kochbuch der Großmutter, die Lesebrille des Vaters oder ein Schmuckstück der Mutter fest. Aber Möbel, die oft schwer und dunkel sind und in keine Reisetasche passen, wenn wir das Wichtigste aus dem brennenden Haus retten müssten?

Wenn wir uns bewusst umblicken, hängen in unserer Wohnung auf einmal tausend Spiegel. Und darin sehen wir unseren Freundes- und Bekanntenkreis, unseren Job, unsere Nachbarn. Wir können uns darin lesen und erklären. Diese Welt prägt uns, aber unsere Welt sind wir. Wenn wir heute die Richtung unserer Gedanken ändern, unsere Festplatte neu programmieren, werden wir das ausstrahlen. Wir könnten richtig strahlen, und diese Strahlen wären nicht ohne Einfluss auf andere. Wahrscheinlich würden wir neue Menschen und Umstände anziehen, weil sich unser Resonanzfeld verändert. Wenn wir aufhören zu neiden, zu werten, zu mobben, zu kritisieren, uns nerven zu lassen, uns aufzuregen, aus der Haut zu fahren, dann wird unser Leben ein anderes werden.

Manchmal geben wir, bekommen aber nicht direkt zurück. Manchmal liegt es daran, dass wir berechnend gaben, nicht aus freien Stücken, nicht dem Impuls unseres Herzens folgend. Und manchmal geben wir, aber bekommen aus ganz anderen Ecken Unerwartetes zurück. Erwarten wir nichts, lassen wir los – dann überrascht uns das Leben immer wieder neu. Wie sich etwas im Leben ausgleicht, ist oft nicht verständlich. Aber seien wir wachsam – und fangen wir endlich an, zu bewegen, aber vor allem zu vertrauen, besonders und gerade uns selbst!

Entrümpeln setzt Emotionen frei! Freuen Sie sich auf die angenehmen Wirkungen und wehren Sie sich nicht gegen die unangenehmen. Wut, Tränen, Freude, das Gefühl der Erleichterung – lassen Sie alles zu, denn alles ist erlaubt, und alles ist richtig! Unsicherheit, Verzweiflung, Hilflosigkeit und Angst sind längst in Ihnen gespeichert, weil genau diese Gefühle durch Ihre Wohnsituation erst entstanden sind. Entrümpeln Sie jetzt auch die an ihr klebenden negativen Gefühle, die über kurz oder lang wieder aufgekeimt wären, wenn Sie die Dinge nicht angegangen wären. Wegschieben war gestern, Anschieben ist heute! Sie haben gelernt, sich zu kontrollieren, sich mit allem abzufinden, sich an Zustände zu gewöhnen. Vielleicht auch nur an der Oberfläche, aber ganz tief drin muss es gebrodelt und getobt haben. Gewöhnen Sie sich ab sofort ans Schönste und Beste, das Ihr Leben bereithält und von dem Sie nicht mal eine Vorstellung haben, dass es das gibt, geschweige denn auf Sie wartet! Denken Sie groß und werfen Sie jetzt alles ab, was Sie klein gemacht hat. Befreien Sie sich aus der Zelle, in der es Beschränkungen und Beschneidungen Ihrer Sehnsüchte gab. Entschlusskraft und Durchhaltevermögen sind jetzt angesagt. Schauen Sie den Dingen ins Gesicht. Und wenn Sie loslassen, verabschieden Sie sich von ihnen. Ich flüstere mit meinen Kunden den Dingen manchmal zu: »Schön, dass du da warst. Du darfst jetzt gehen.« Allerdings nur, wenn es auch wirklich so gemeint ist!

Nach einer Trennung

Wenn wir keinen Platz schaffen, können die Dinge, die da draußen auf uns warten, nicht zu uns kommen. Wo sollen sie denn stehen, liegen oder hängen? Und wenn der Kopf voller Baustellen ist, ist auch hier das Limit irgendwann erreicht, sich für Neues zu öffnen. Ist es nicht ähnlich mit neuen Partnern, die uns nicht begegnen, solange wir noch »besetzt« sind, die Beziehung auch nach einer Trennung noch nicht abgeschlossen haben, obwohl wir uns bereits danach sehnen, jemand Neues möge uns aus der Gefühlsgefangenschaft befreien? Wie könnte eine neue Partnerschaft eine echte Chance haben, wenn die letzte Trennung kaum abgeschlossen ist, weder reflektiert noch verstanden, geklärt oder überwunden wurde? Abhängigkeit macht krank.

Wir spinnen mal herum, gehen einen Schritt weiter und stellen uns vor, eine neue Liebe hat Sie überrascht. Und nun betritt sie auch noch Ihre Wohnung, weil das Treffen im Park auf Dauer an Aufregung einbüßt. Wird sie/er sich wohlfühlen bei Ihnen? Was spricht dafür und was dagegen? Sie hätten sich ja selbst schon beinahe dran gewöhnt; Ihnen ist der Anblick zwar zunehmend ein Greuel, doch immerhin vertraut. Aber der neue Partner? Er wird untergehen, wird vergraben sein wie ein weiteres Stück Nippes. Warum sollte er bleiben wollen? Natürlich Ihretwegen, denken Sie, doch über kurz oder lang wird er seinen Platz einfordern. Und vielleicht wird das Kraft kosten und einen Machtkampf nach sich ziehen, was auf Kosten dieser frischen Liebe gehen kann. Ist nicht der Anfang das Aufregendste? Sollte man sich jetzt nicht auf schöne Dinge beziehen, an denen man Spaß haben, wachsen und sich kennenlernen möchte? Stressfaktoren wie Chaos können so präsent sein, dass sie uns zermürben, weil der nötige Bewegungsspielraum fehlt und weil die Rückzugsecken fehlen. Und weil Chaos eben auch für etwas steht, das vielleicht aufgearbeitet gehört.

Nach einem Todesfall

Wenn ich zu Kunden komme, die sich in einem besonders schweren Prozess des Loslassens befinden, weil sie sich von einem geliebten Menschen für immer verabschieden mussten, sind meine Antennen besonders stark ausgefahren. Im Dialog mit einer Kundin antwortete diese auf meine Frage, was der verstorbene Partner wohl herunterrufen würde, wenn er es könnte: »Mein Mann würde mir den Vogel zeigen, weil seine Kleidung noch immer im Schrank hängt! Aber der Schrank ist doch für mich allein viel zu groß, und seine Sachen für immer abzuhängen, das schmerzt zu sehr!« Den größten Schmerz durchleiden wir bereits am Anfang der Trauerarbeit. Ich bin sicher, es gibt noch eine Verbindung zwischen Menschen, die sich sehr lange sehr verbunden waren, deren Seelen sich einander tief berührten. Eine Berührung, die auch der Tod nicht einfach trennen kann. Wie schmerzhaft also muss es sein, wenn der »himmlische« Partner auf den »irdischen« hinabschaut, ihn so leiden sieht, aber das Leid nicht lindern kann! Das Leben beginnt für den, der hier unten noch bleiben darf, völlig neu. Bitte verabschieden Sie auch Ihr schlechtes Gewissen, wenn Sie sich vom Ehebett oder von den Möbeln trennen, die sie jahrzehntelang geteilt haben. Dieser Abschnitt mit den gemeinsamen Anschaffungen gehörte zum gemeinsamen Leben. Aber wenn einer geht, sollte man sich auf jene wertvolle Verbindung konzentrieren, die kein Möbelstück herstellen kann. Wer zurückbleibt, der lebt! Er stirbt nicht mit. Ein Schmerz, der so lebendig scheint und nicht vergehen mag. Und trotzdem gilt es, sich neu einzuleben und auch einzurichten für sich selbst. Sie ahnen vielleicht, was der Verstorbene Ihnen sagen würde, hören Sie nur gut in sich hinein! Solange Sie leben, gibt es keine Alternative, als Ihr eigenes Leben weiterzuleben und wertzuschätzen. Leben Sie! Bleiben Sie aufmerksam für das Besondere und Schöne, auf das auch Sie ein Anrecht haben.

Vor einem Umzug

Einige meiner Kunden riefen mich erst *nach* dem Umzug an, lieber hätte ich sie vorher schon beraten, denn was wir dann ausmisteten, hätte Teil der Umzugsplanung und Vorsortierung sein sollen.

Tun Sie sich selbst den Gefallen und werfen Sie nicht gleich alles unüberlegt in die Umzugskartons. Sie müssen nicht jeden Karton füllen, und es gilt die Regel: Je schneller ein Karton vollgepackt wird, desto länger brauchen Sie, um ihn auszuräumen! Was nehmen Sie also mit? Halbleere Shampooflaschen, angebrochene Nudeltüten und zerstaubte Putzmittel, die Sie nach Jahren aus den hintersten Ecken unter der Spüle ziehen?

Umzüge sind reinigend. Und manchmal sind sie Reisen in ein Land, in dem wir auf schöne und weniger schöne Schätze stoßen, auf schon lange Gesuchtes, aber genauso auf nie Vermisstes und Ersehntes. Warum sollte Letzteres auf einmal Ihr Interesse wecken? Nur wenn Sie sich wirklich freuen, dass dieses oder jenes Teil mit umziehen wird, packen Sie es ein. Kommen ungute Gefühle und Erinnerungen hoch, dann weg damit!

Anderen Menschen graut es vor Umzügen. Wie gut aber waren Sie vorbereitet, wie viel Hilfe und Unterstützung hatten sie, wie viel Zeit haben Sie sich für den Schritt der Veränderung genommen?

Mit dem Partner

Besonders spannend sind immer jene Einsätze, in denen ich als Mentorin auf Zeit gebucht werde. Zum Beispiel, wenn zwei Menschen zum ersten Mal eine gemeinsame Wohnung beziehen. Dabei prallen nicht selten ganz unterschiedliche Welten aufeinander. Und um den eigentlichen Fokus – die Freude und die Aufregung vor dem Zusammenziehen – nicht zu untergraben, wird geschaut, was jeder von sich loslassen und was gemeinsam neu angeschafft werden kann. Man legt fest, wer für welches Zimmer verantwortlich ist und wer welche Aufgaben übernehmen will. Ist ein Mann nur am Wochenende zu Hause, überlässt er die Gestaltung der Wohnung vielleicht ein wenig mehr der Partnerin, gerade, wenn sie viel Gefallen daran findet. Und er muss wissen: Sie richtet ja für beide ein! Es gab Paare, denen ich geraten habe, komplett bei null anzufangen. Beide hatten Möbel, die weder miteinander harmonierten noch wirklich gemocht wurden nach all den Jahren. Radikales Ausmisten ist dann angesagt! Gemeinsam auf Flohmärkten Hab und Gut verkloppen – herrlich für den schönsten Anlass der Welt, oder? Danach Kataloge wälzen und Geschäfte durchwandern, um sich peu à peu neu einzurichten. Schön, wenn man zusammenwachsen sieht, was zusammengehört!

Männer sind oft klarer: Möbel kaufen, hinstellen, nutzen. Schön praktisch, schön trendig, schön nach außen. Frauen sind verspielter, hier und da noch ein Akzent – und am Ende ist die Handschrift derart weiblich, dass sich Männer nicht unbedingt wohlfühlen, weil sie sich von so viel Weiblichkeit erschlagen fühlen. Kein dominanter, kein männlicher Ausgleich! Zu einseitig weiblich statt ausgeglichen unisex! Zu rosa, zu plüschig, zu viel Kindheit und Festhalten am Gestern statt Loslassen fürs Heute und Platzschaffen für Neues. Genau davor haben meine Kunden manchmal Angst. Wir powern, machen alles schick und wohnlich, lassen los, strukturieren neu und dann, am Ende, diese Sorgenfalten auf der Stirn: »Frau Köpp, wenn nur nicht mein Mann so ein Chaot wäre – hoffentlich bleibt alles auch so schön wie jetzt!«

Wenn es sich ergibt, spreche ich mit dem Mann und dem Rest der Familie natürlich ebenfalls. Ich kann die Sorge meiner Kundinnen gut nachvollziehen, daher ist es umso wichtiger, die Wohnsituation zum Gemeinschaftsthema zu machen – sie gehört schließlich nicht weniger zu einer Beziehung als die übrigen Sorgen und Freuden. Doch selbst wenn wir die Schlawiner der Familie nicht umerziehen können, so reduziert sich der Arbeitsaufwand, je stärker wir losgelassen und Hab und Gut reduziert haben. Ich schlage dann immer die berühmten Regeländerungen vor: Wer macht was, wer trägt welche Verantwortung für welche Haus-Aufgaben? Unterschiedliche Menschen leben unter einem Dach; daher ist es selbstverständlich, dass auch alle einen Teil der Verantwortung tragen, damit das Zuhause einladend bleibt. Männer, unterstützt eure Frauen! Und Frauen, unterstützt eure Männer!

Was ist Wohnkosmetik?

Mein kleines Unternehmen habe ich zu einer Zeit gegründet, als ich aus einer besonderen Erfahrung heraus eine tolle Erkenntnis gewonnen habe: Was wir im Außen – im Raum und durch Möbel – bewegen, bewegt auch unser Innen, unseren Gemütszustand.

Schon immer hatte ich mich ausgetobt, hatte verschoben, entsorgt, bemalt. Hatte aber keinen Namen für das, was ich machte. Eltern wurden schnell nervös, wenn ich ihre Kinder – meine Freundinnen – besuchte. Nachdem ich gegangen war, sah es immer anders aus als vorher.

Die Jahre zogen ins Land, aber mein Bewegungsdrang auch in den Kinderzimmern meiner Freundinnen nahm ungeahnte Auswüchse an. 2006 machte ich dann Nägel mit Köpfen. Endlich war ein Name gefunden für meine Leidenschaft: Wohnkosmetik. Das ist reinigen, ran an die Basis, Unnötiges weglassen – und zaubern mit dem, was man vorfindet, es optimal verschönern! Übertragen auf die Wohnung: Aufräumen, Reinigen, Ausmisten, Umstellen, Beraten. Die Menschen haben bereits angeschafft. Nun ging es darum, das Vorhandene zu sichten und zu unterscheiden: weglassen oder zulassen, danach dann verstellen, verrücken und entstauben. Und es ging auch darum, das Auge zu schulen und unterscheiden zu lernen zwischen Schönem und Nützlichem sowie Überflüssigem und Verbrauchtem.

Im Vordergrund meiner Tätigkeit steht dabei grundsätzlich der Mensch mit seinen Bedürfnissen nach einem »schönen« Zuhause.

Eines war mir immer klar: Sozialer Status und Geldbeutel sagen nichts aus über Wohnverhältnisse. Ich habe mit der reichen Witwe, dem erfolgreichen Unternehmer, der einkommensschwachen dreifachen Mutter, der vereinsamten Enkeltochter gearbeitet. Ich habe auf Designersofas gesessen, und kaum einen Tag später kniete ich vor einsturzgefährdeten Kinderbetten. Und ich habe immer wieder Menschen getroffen, die ein Doppelleben führten. Nach außen die erfolgreiche Unternehmerin, nach innen die mit ihrer Wohnsituation überforderte Frau. Doch sie alle zeichnete eines aus: der Mut, sich jemand anderem anzuvertrauen, sich aus den Ketten des Leids zu befreien und gezielt nach Lösungen zu suchen. Und so lese ich in den Wohnungen Geschichten, als würde ich in einen Spiegel schauen.

Mein persönlicher Kick, mein großer Glücksmoment ist dann gekommen, wenn der »Tipping Point« bei meinen Kunden einsetzt – der Moment, in dem alles eine neue Richtung, eine andere Dimension bekommt, räumlich und emotional. Ich darf Zeugin eines Veränderungsprozesses sein. Ich darf hautnah fühlen, wie sich die Stimmung verändert und natürlich die Einstellung zum Wohnen, zum Leben, zu Werten und Ansprüchen.

Wem hilft Wohnkosmetik?

Männer

Männer arbeiten viel. Sehr häufig sind sie die Hauptverdiener und Ernährer. Doch wehe, die Familie löst sich auf, dann ist Ärger auf allen Ebenen angesagt. Männer richten sich lieber einmal ganz groß ein, dann ist das Thema erledigt; schließlich gibt es Erstrebenswerteres im Leben. Sie sammeln weniger an, haben wenig Sinn für Nippes. Sind sie liiert, überlassen die einen die Raumgestaltung ihren Frauen, andere wollen wiederum kräftig mitmischen, erst recht, wenn sie die Anschaffungen bezahlen. Doch viele Männer denken mittlerweile um und erkennen, dass auch das Wohnen ein wichtiges Thema ist – gerade auch im Singlehaushalt. Meine Aktion »SOS vorm nächsten Rendezvous« rief ich ins Leben, um herauszufinden, wie dating-tauglich eine Single-Bude ist. Dabei enttarne ich rechtzeitig vorm nächsten Rendezvous bekannte Fallen: volle Aschenbecher, Häkeldeckchen von Mutti, vertrocknete Kakteen, Leergut, Plaque im Abwaschbecken und im Klo, Plüschtiere, Haare auf dem Beckenrand, vermiefte Bettwäsche, zerschlissene Kissen, Bilder verflossener Lieben, Pin-ups an Toilettenwänden, zu viel Schwarz und zu viel Plastikblumen. Verführung? Fehlanzeige! Eine Frau braucht mehr als eine Matratze! Sie braucht Atmosphäre, Licht, Duft, Musik. Und welche Frau hat nicht schon unter der Erfahrung leiden müssen, nach einem verheißungsvollen Candle-Light-Dinner einen Drink in seiner Stube einzunehmen, die – nach genauerem Hinsehen – eine plötzliche Migräne verursachte? Auf einmal war der Heißhunger auf mehr wie weggeblasen. Und dabei hätte alles so schön weiter gehen können nach dem vierten Gang im Restaurant ...

Frauen

Viele Frauen verändern gern Wohnräume, tauschen sich mit ihren Freundinnen beim Shopping aus und legen Wert auf Gemütlichkeit und Atmosphäre. Manche schließen Abos für Wohnmagazine ab und jagen hier und da nach Tricks, Tipps, Trends und Lösungen in realen wie in virtuellen Welten. Und dann wird nachgemacht und nachgekauft. Und immer mehr. Statt auszutauschen und für die wohnliche Balance zu sorgen, bauen sie oft zu viel an und auf, bis am Ende alles zugestellt ist und sie den Wald vor lauter Bäumen nicht mehr sehen können.

Familien

Auch Familien kommen zu mir. Die Frau gibt häufig den Anstoß und stöhnt schon am Telefon über das Chaos, das ihre Kinder und ihr Mann veranstalten. Sie fühlt sich unverstanden und unwohl in ihren Lebensräumen, die eigentlich ganz anders aussehen sollten. In manchen Fällen wird der Mann als Helfer dazugerufen, oft lässt er seine Frau und mich auch gern allein powern. Selten wird er nicht einmal eingeweiht und befindet sich gerade unwissend auf Geschäftsreise. Was die Kinder angeht, so schätze ich es, sie einzubeziehen. Manchmal helfen sie mit, und manchmal lassen sie sich am Ende des Einsatzes von den Veränderungen auch gern überraschen.

Junge Menschen

Erste eigene Wohnung, erste Einrichtung, gesponsert von den Eltern oder selbst erarbeitet. Dazu einen Gutschein für einen Powertag mit mir – die Aufgaben sind klar: Die Dinge so ordnen und stellen, dass ein Zuhause draus wird, in dem sich auch andere Menschen wohlfühlen.

Ältere Menschen

Beschleunigungen wirken beängstigend auf ältere Menschen. Und so wird sogar noch Möbeln aus der Kindheit ein großer Platz eingeräumt. »Ich liebe die Geschichten, die diese Möbel mir erzählen. Meine Kinder halten nichts davon, ihnen fehlt die Verbindung.« Natürlich fehlt da die Verbindung, sie lieben die dazugehörigen Geschichten, aber sie stören sich an der Dunkelheit und Schwere, die von diesen Möbeln oft ausgeht. Dennoch: Sie brechen das Moderne gern mit einem Stück aus Omas Zeiten, aber sie wollen nicht im Museum wohnen.

Ich spüre den Zwiespalt, in dem sich meine älteren Kunden befinden. Man möchte meinen, sie fühlten sich wie Verräter, wenn sie die Möbel ausrangieren würden. Der Gedanke, dass die Sachen irgendwo seelenlos verenden, nährt diese schmerzliche Vorstellung. Wer aber schreibt vor, dass alte Möbel uns jahrzehntelang begleiten müssen? Die Vorstellung, dass eines Tages fremde Menschen diese Dinge lieblos in den Müllcontainer werfen, ist verständlicherweise keine schöne Vorstellung; doch Sie könnten bereits zu Lebzeiten vorbeugen: Spenden Sie oder verkaufen Sie – Möglichkeiten dafür gibt es mehr als genug.

Interview mit Christina Lütgen

Christina Lütgen, Expertin für ganzheitliches Coaching und fürs geistige Entrümpeln, hat mich inspiriert, leere Räume attraktiv zu finden und sie mit nur wenigen liebevollen Akzenten zu schmücken.

Wie helfen Sie Menschen, die nicht loslassen können?
Ich zeige ihnen, welchen versteckten Nutzen ihr Ballast hat, wozu ihr persönlicher Ballast »gut ist«. Erkennen sie den Nutzen, geht das Loslassen plötzlich ganz einfach, fast wie von Zauberhand.

Was steckt hinter dem Festhalten?
Ballast – egal, ob Dinge, Beziehungen, Verpflichtungen, Stress – hat einen konkreten persönlichen Vorteil. Er lenkt ab von Themen und Gefühlen, die wir lieber nicht wahrnehmen, weil sie unangenehm sind. Etwa so: Mein volles Wohnzimmer und der laufende Fernseher lenken mich davon ab, dass ich mich einsam fühle. Der stressige Job verschleiert, wie unzufrieden ich in meiner Partnerschaft bin.

Gibt es eine Typologie für Nicht-Loslasser und Schlendriane?
Nicht äußerlich. Es sind weder überwiegend junge noch alte Menschen, Männer oder Frauen, Paare oder Singles, die festhalten. Menschen, die so schwer loslassen können,

dass es sie belastet, verbindet der Wunsch, sich von Schmerz, Angst, unerfüllter Sehnsucht, Unzufriedenheit usw. abzulenken. Kurz: die Angst, dorthin zu schauen, wo es »wehtut«. Diese Angst ist heute weit verbreitet. Wir lernen es kaum, innezuhalten und zu erforschen, was an Gefühlen in uns ist. Medien und Gesellschaft fördern das Wegschauen, die Ablenkung.

Nachwort

Sie schauen nun nicht länger zu, wie das Chaos über Sie hinauswächst und Sie samt Ihrer unterdrückten Lebensfreude unter sich begräbt. Der Ballast Ihrer Wohnung bekommt endlich Beine. Halten Sie ihm die Haustür auf und verwehren Sie ihm den nächsten Besuch!

Und nun: Feiern Sie sich! Gönnen Sie sich neben einem Schulterklopfen etwas ganz Besonderes: lieber zunächst keine Neuanschaffung für die Wohnung, außer Sie tauschen Alt gegen Neu. Besser, Sie füllen jetzt ihren Erlebnistank mit etwas, was Seele, Körper und Geist erfreut!

Und vermeiden Sie, wieder in alte Gewohnheiten zurückzufallen. Vielleicht hilft Ihnen dabei die folgende Ermutigung, die von Charlie Chaplin stammt:

»Als ich mich selbst zu lieben begann, habe ich mich von allem befreit, was nicht gesund für mich war, von Speisen, Menschen, Dingen, Situationen und von allem, das mich immer wieder hinunterzog, weg von mir selbst. Anfangs nannte ich das ›gesunden Egoismus‹, aber heute weiß ich, das ist ›Selbstliebe‹.«

Betrachten Sie alles, wirklich alles, was da ist, ganz genau, und geben Sie allem einen Titel: Schön. Unsinnig. Ungeliebt. Wichtig. Und vergessen Sie nicht die Bereiche, die außerhalb Ihrer Wohnräume liegen – Ihre »Lebensräume«!

Hamburg, im Oktober 2013
Constanze Köpp

Dank

Ich danke meine besten Freundinnen, die ich niemals loslassen möchte, für Ihre Unterstützung! Ich danke meiner Familie, für die ich oft das schwarze Schaf war, die aber dennoch mächtig stolz auf mich ist. Und ich danke meinen Töchtern, sie sind mein Leben und mein Ansporn!